어린이를 위한
예의

서로를 존중하는 힘

어린이를 위한
예의

글 이지현 그림 이상미

위즈덤하우스

추천의 글

상대방을 흐뭇하게 하는 말과 행동, 예의의 시작이에요.

예의, 예절에 공통으로 들어가는 예(禮)는 보일 시(示)에 풍년 풍(豊)이 합쳐져 '풍성하게 보인다'는 뜻이에요. 즉, 다른 사람에게 풍성함을 보여 주고 만족감을 준다는 의미이지요. 예의를 지킨다는 건 상대방을 먼저 생각하고 존중하는 마음이 말과 행동에 담겨 있는 것을 말해요.

하지만 매사 예의 바른 행동을 하고 다른 사람을 먼저 생각하는 마음을 갖는다는 건 쉬운 일이 아니에요. 그렇다고 엄두도 못 낼 만큼 지키기 어려운 일도 아니지요. 작고 사소한 예절부터 시작하면 쉽게 몸에 익힐 수 있어요.

고운 미소를 짓고, 겸손한 태도로 상대방의 입장에서 생각한 뒤 말을 해 보세요. 밥을 먹을 때에도 다른 사람이 수저를 챙겨줄 때까지 기다리지 말고, 직접 하나씩 정성스레 챙겨 보세요. 또 가족이나 친구들과 밥을 먹을 때 자신이 좋아하는 반찬만 먹지 말고 다른 사람에게도 양보해 보세요. 길거리에 다닐 때 아는 어른을 보면 먼저 인사하고, 친구와 헤어질 때도 먼저 인사를 해 보세요.

　이렇게 작고 쉬운 일이지만 상대방을 흐뭇하게 할 수 있는 말과 행동, 이게 바로 예의의 시작입니다.

　예의는 우리나라뿐 아니라, 만국 공통으로 지켜야 할 자세예요. 에티켓(etiquette), 매너(manner) 등이 바로 우리나라의 예의에 해당되는 말들이에요. 외국 사람들은 어려서부터 에티켓을 자연스레 몸에 익히는 연습을 해요. 길을 가다 실수로 발을 밟았을 때 무조건 "sorry!" 하고 말을 하는 건 에티켓이 몸에 배인 자연스러운 행동이랍니다.

　어린이 여러분도 예의 바른 생활이 항상 몸에 배일 수 있도록 연습해 보세요. 지금껏 인사를 소홀히 했거나 식사 예절을 잘 지키지 않았다면 이제부터라도 예의 바른 행동과 올바른 예절 생활을 할 수 있도록 노력해 보세요.

《세계 명문가의 자녀교육》의 저자 최효찬

차례

추천의 글
상대방을 흐뭇하게 하는 말과 행동,
예의의 시작이에요 | 4

POINT 1

예의란 무엇 일까요?
버릇없는 아이들 | 10
대책이 필요해 | 35

POINT 2

예의는 왜 필요할까요?
청운학당을 가다 | 56
규칙을 지켜라 | 72

POINT 3

예의를 잘 지키려면 어떻게 해야 될까요?

내가 먼저 먹을 거야 | 88
존댓말은 어려워 | 101
예절 생활 배우기 | 115

POINT 4

누가 예의 바른 사람일까요?

이제 좀 알 것 같아 | 130
짧고도 긴 시간 | 156

작가의 글
예의란, 상대방을 존중하고
배려하는 마음이에요 | 170

POINT 1

예의란 무엇 일까요?

예의란, 상대방을 배려하는 따뜻한 마음이에요.
사람은 혼자 살 수 없어요.
다른 사람과 어울리며 서로 돕고 살아가지요.
상대방을 먼저 생각하고 존중하는 마음, 이것이 바로 예의예요.
예의 바른 사람이 많을수록 이 세상은 아름다워진답니다.

서로를 존중하는 힘_예의

버릇없는 아이들

어른들은 진짜 이상해.
별것도 아닌 걸 가지고 왜 그렇게 잔소리를 하시는지…….

일요일 오후, 은우는 아빠와 텔레비전을 보고 있었다. 남자 연예인들이 나오는 개그 프로그램이었다.

"으하하하하!"

아빠가 소파에 누워서 너털웃음을 터트렸다.

"킥킥킥킥!"

은우도 함께 웃었다.

초코파이 하나를 먹기 위해 엎치락뒤치락 몸싸움을 하는 개그맨들의 행동이 매우 우스웠다.

"너 숙제 다 했니?"

마른 빨래를 한 아름 안고 들어오며 엄마가 물었다.

"응."

은우는 텔레비전에 시선을 고정한 채 건성으로 대답했다.

"영어 듣기는?"

"했어."

"수학 문제도 다 풀었어?"

"응."

"다음 주에 과학 경시대회 있다고 하던데 연습 안 해도 돼?"

"응."

은우는 거실 소파에 비스듬히 앉은 상태에서 계속 건성으로 대답했다.

"똑바로 앉아 봐."

엄마의 목소리가 심상치 않았다. 은우는 그제야 엄마를 제대로 쳐다보았다.

"엄마가 물어 보면 똑바로 쳐다보면서 대답을 해야지, 계속 건성으로 대답하는 거 아니야. 당신이 그러고 있으니까 애가 그대로 따라하잖아요."

은우를 나무라던 엄마가 아빠를 보며 잔소리를 덧붙였다.

'내가 뭐?' 하는 표정으로 엄마를 바라보던 아빠가 부스럭거리며 일어나더니 말했다.

"은우야, 잘 좀 하지 그랬어. 너 때문에 나까지 혼나잖아."

계속 앉아서 텔레비전을 봤다가는 무슨 소리를 더 들을지 모른다는 생각에, 은우는 자리를 털고 일어났다.

"엄마 말 아직 다 안 끝났는데, 어디 가?"

"방에 가요. 과학 경시대회 준비하라면서요?"

은우는 퉁명스럽게 쏘아붙이고 방으로 들어가 버렸다.

"저 녀석이 진짜 버릇없이……."

엄마의 목소리가 뒤따라 들어왔다.

"그냥 좀 내버려둬. 그럴 때도 있는 거지."

은우는 아빠가 말리는 소리를 들으며 문을 쾅 닫았다. 텔레비전도 마음껏 못 보고 잔소리까지 줄줄이 듣고 나니 공부할 마음이 나지 않았다.

'이제부터 뭘 하지? 분명히 컴퓨터 게임도 못하게 할 텐데…….'

은우는 자전거를 타러 가기로 했다.

"어디 가니?"

신발을 신는데 엄마가 다가와 물었다.

"자전거 타러요."

은우는 퉁명스럽게 대답하고 얼른 밖으로 나왔다.

혼자 타는 것보다 민구와 같이 자전거를 타는 게 더 좋을 것 같았다. 은우는 엘리베이터를 타고 내려가며 민구에게 전화를 걸었다. 신호는 가는데 민구가 전화를 받지 않았다.

"뭐 하길래 안 받는 거지? 할머니 집에 갔나?"

은우는 중얼거리며 다시 번호를 눌렀다.

그때 엘리베이터가 7층에서 멎더니 할아버지 한 분이 타셨다.

은우는 할아버지를 보자마자, 얼른 고개를 숙이고 못 본 척했다. 그 할아버지는 아파트 단지 안에서 성질이 고약하기로 소문이 난 분이었다.

"너는 몇 층에 사는 아이냐?"

할아버지가 물었다.

"11층이요."

은우는 할아버지를 힐끗 쳐다보고 나서 다시 휴대폰을 만지작거리며 대답했다.

"예끼, 이놈아! 어른을 만났으면 인사를 해야지, 누가 그렇게 못 본 척하라고 가르치더냐? 부모님이 그렇게 가르치더냐? 아니면, 학교 선생님이

그렇게 가르치더냐? 하여간 요즘 아이들은 버릇이 없어요, 버릇이……."

할아버지가 쯧쯧쯧 혀를 차셨다.

기분이 나빠진 은우는 엘리베이터가 1층에 닿자마자 얼른 밖으로 뛰어나갔다.

"저, 저, 저놈 좀 보게. 어른이 내리지도 않았는데 먼저 밖으로 뛰어나가다니, 고얀 놈 같으니라고."

할아버지가 은우 뒤에서 소리쳤다.

'진짜 이상한 할아버지야.'

은우는 할아버지가 도무지 이해가 안 된다며 속으로 불평했다.

그 즈음 민구는 할머니 집에 있었다. 초등학교 교장 선생님이었던 민구의 할머니는 퇴직한 뒤, 민구의 집 근처로 이사 왔다. 그래서 요즘 민구의 부모님은 주말마다 민구를 데리고 할머니 집에 들렀다.

민구는 처음에는 할머니 집에 가는 게 매우 좋았다. 할머니가 민구를 위해 맛있는 음식도 많이 만들어 주고, 재미있는 동화책도 사 주고, 용돈도 듬뿍 주었기 때문이다. 하지만 최근 들어 민구는 할머니 집에 가는 일이 괴롭다. 민구가 눈에 거슬리는 행동을 할 때마다 할머니가 지적을 했기 때문이다.

할머니 집에 들어설 때부터 맛있는 냄새가 솔솔 풍기고 있었다. 평소 먹는 것을 좋아하던 민구는 코를 벌름거리며 냄새를 맡았다. 입안에 침이 가득 고였다.

"어머님, 갈비찜 하셨나 봐요?"

민구 아빠가 할머니에게 물었다.

"그래, 너네 둘 다 갈비찜 좋아하잖니?"

할머니가 민구와 민구 아빠를 쳐다보며 말했다.

"어머, 어머님 너무하세요. 지난번에도 민구하고 아범이 좋아하는 것만 만들어 주시더니……."

엄마가 샐쭉 삐친 시늉을 하며 애교를 부리자, 할머니가 기분 좋게 웃으며 말씀하셨다.

"하하하, 다음에는 네가 좋아하는 것도 만들어 주마. 뭐가 먹고 싶은지 말만 하렴."

할머니와 엄마가 도란도란 이야기를 나누며 음식을 식탁에 차리기 시작했다. 그때까지만 해도 분위기는 화기애애했다.

민구는 얼른 손을 씻고 자리에 앉았다. 엄마가 김이 무럭무럭

나는 갈비찜을 내왔다. 그릇에 담긴 갈비찜은 너무 맛있어 보였다. 민구는 침을 꿀꺽 삼키며 젓가락을 집어 들고, 윤기가 자르르 흐르는 고기를 집어 먹기 시작했다.

"너, 뭐 하는 거냐?"

앞치마에 손을 닦던 할머니가 민구를 보며 물었다.

"갈비찜 먹어요, 할머니. 너무 맛있어요. 저번 것보다 더 맛있는 것 같아요."

민구는 기분 좋게 오른팔을 내밀며 엄지손가락을 추켜세웠다. 그런데 할머니의 반응이 이상했다. 웃음기가 가신 얼굴로 잠시 동안 민구를 바라보더니 앞치마를 벗고 자리에 앉으셨다.

머쓱해진 민구는 젓가락을 내려놓았다.

"둘 다 이리 와서 앉거라."

할머니가 민구 엄마와 민구에게 말했다.

"너, 뭐 또 잘못한 거 있니?"

엄마가 긴장된 표정으로 의자에 앉으며 민구에게 물었다.

"아니."

민구는 고개를 저었다.

"허어 참, 뭘 잘못했는지도 모르니 정말 큰일이구나."

할머니는 그렇게 말씀하시면서 일장 연설을 늘어놓으셨다.

"대체 예절 교육을 어떻게 시켰길래 어른이 자리에 앉지도 않았는데 어린 아이가 젓가락을 들고 먼저 음식을 먹어? 평소에 집에서도 이러니?"

"죄송해요, 어머니. 같이 밥 먹는 시간이 일정하지 않다 보니 제대로 교육 시킬 기회가 없었어요. 아침에는 민구 혼자 밥을 먹을 때가 많거든요. 음식이 준비되는 대로 바로 먹여 학교에 보내다 보니 늘 민구가 우선이었어요."

엄마의 말에 할머니의 태도가 다소 누그러졌지만, 잔소리가 끝난 것은 아니었다.

"옛날과 생활 환경이 달라진 거 나도 안다. 아이도, 어른도 바쁜 세상이지. 그러니 격식 따져가며 살 틈이 어디 있겠냐마는 그래도 기본적인 예의는 알아야지. 그래야 나중에 커서도 실수를 하지 않는 법이다. 이런 잔소리 듣기 싫을 수도 있지만 다 민구를 위해서 하는 말이니 새겨듣도록 해라. 나는 내 손자가 버릇없는 아이라는 소리 듣는 거 싫다. 너도 네 아들이 버릇없는 아이라는 소리 듣는 거 싫지?"

"그럼요, 어머니. 저도 그런 소리 듣는 거 싫어요."

"그럼 식사 예절부터 가르치도록 해라."

"알겠습니다, 어머니."

공손하게 대답하는 엄마를 보며 민구는 속으로 투덜거렸다.

'내가 갈비를 다 먹은 것도 아닌데 왜 저러시는 거지? 우리 할머니는 진짜 깐깐하셔.'

그런 일이 있는 줄도 모르고 은우는 민구에게 다시 전화를 걸어 보았다. 벨소리가 계속 울려도 민구는 전화를 받지 않았다.

'아직 할머니 집에 있나? 그래도 전화는 받을 수 있을 텐데……'

은우는 고개를 갸웃거리며 전화를 끊었다.

혼자 놀려고 생각하니 심심했다. 공원을 한 바퀴 두른 뒤, 민구에게 다시 전화를 걸었다.

"왜?"

연결이 되자마자 민구가 다짜고짜 물었다. 그 목소리가 어찌나 퉁명스럽던지 하려던 말이 목구멍으로 쑥 들어가 버렸다.

"전화를 걸었으면 말을 해야지, 왜 아무 말도 안 하냐?"

민구가 짜증을 냈다.

"너 왜 그래?"

은우가 물었다.

"뭐가?"

"왜 나한테 화를 내냐고?"

"내가 언제 화냈다고 그래?"

"지금 냈잖아."

"아니거든."

"맞거든."

"아니라니까."

민구는 그렇게 쏘아붙이고 난 뒤 전화를 뚝 끊어 버렸다.

"뭐야, 이 자식?"

은우는 어이없는 표정으로 휴대폰을 노려보았다. 기분이 매우 나빴다.

잠시 뒤, 벨이 울려서 봤더니 민구의 번호가 찍혀 있었다.

"아, 왜?"

은우는 전화를 받자마자 버럭 짜증을 냈다.

"너 아까 왜 전화했어?"

민구가 물었다.

"됐거든."

은우는 그렇게 말하고 전화를 끊어 버렸다.

곧바로 다시 전화가 걸려왔다.

"왜 전화했냐니까?"

민구가 퉁명스럽게 물었다.

"놀자고 했다, 왜?"

"어딘데?"

"공원 앞이다."

"뭐 하고 놀 건데?"

"자전거 타고 놀려고 했다."

"그래? 잠깐 기다려. 금방 갈게."

민구는 그렇게 말하고, 또 전화를 뚝 끊어 버렸다.

은우는 공원 입구에 앉아서 민구를 기다렸다. 잠시 뒤 민구가 자전거를 타고 나타났다.

"너 아까 왜 그랬어?"

은우가 물었다.

"뭘 말이야?"

"전화를 왜 그렇게 받았냐고? 내가 얼마나 기분 나빴는 줄 알아?"

"화나서 그랬어."

"무슨 일 있었어?"

"우리 할머니 정말 이해가 안 돼. 할머니는 왜 나만 보면 그렇게 잔소리를 하시는 건지……. 오늘은 나 때문에 엄마까지 혼났다니까."

"뭘 잘못했는데?"

"몰라. 갈비찜 만들어 놓은 거 먹었다고 혼내셨어."

"너 혼자 다 먹었어?"

"아니, 두 개밖에 안 먹었어."

"그런데 왜 혼내셨지?"

"어른들보다 내가 먼저 식탁에 앉아 음식을 먹었다고 혼내시는 거야."

"그러면 안 되는 거야? 우리 엄마는 만날 나보고 먼저 먹으라고 하는데……. 음식은 식으면 맛없다고 하면서 말이야."

"우리 엄마도 그래. 밥 차려 주고 나보고 먼저 먹으라고 하거든. 그런데 할머니는 나보고 버릇이 없대."

"진짜야? 나도 오늘 버릇없다는 소리 들었는데……."

"누구한테 들었어?"

"엘리베이터에서 7층 할아버지 만났거든. 그 할아버지가 나보고 버릇없는 놈이라고 야단하더라고. 진짜 이상한 할아버지야."

"그랬어? 듣기 싫었겠다."

"응, 그래서 계속 고개를 숙이고 있었는데 갑자기 인사 안 한다고 막 혼내시는 거야."

"어른들은 진짜 이상해. 별것도 아닌 걸 가지고 왜 그렇게 잔소리를 하고 야단을 치는 건지……."

"그러게 말이야."

"으, 스트레스 쌓인다."

"야, 우리 PC방 갈래?"

"좋아, 가자."

은우와 민구는 자전거를 세워 두고 PC방에 가기로 했다.

"어디로 갈까?"

민구가 물었다.

"'게임 세상'으로 가자."

은우가 말했다.

"거기는 의자가 불편해."

"그럼 '싸이월드'는 어때?"

"거기는 담배 피우는 아저씨들이 너무 많아."

"그럼 어디로 가지?"

은우와 민구는 갈 곳을 정하지 못한 채 사거리 근처에서 서성거리고 있었다. 그때 은행 건물 3층에 있는 PC방이 보였다. 그곳은 생긴 지 얼마 안 되는 곳이었다.

"저기는 어때?"

은우가 물었다.

"좋아, 가 보자."

두 사람은 엘리베이터를 타고 3층으로 올라갔다. 새로 생긴 곳답게 PC방은 넓고 깨끗했다.

"어서 오너라."

주인아저씨가 환하게 웃으며 아이들을 맞아 주었다.

"친구를 열 명 데리고 오면 서비스로 한 시간 더 게임을 할 수 있게 해 주마."

아저씨가 말했다.

"와, 정말이에요? 누구 데리고 올까?"

민구가 활짝 웃으며 큰소리로 말했다.

"완기하고, 진우, 준태, 홍규, 경민이……. 그리고 또 누가 있더라?"

은우는 머릿속으로 친구들의 얼굴을 떠올리며 이름을 말했다.

"재진이하고 희성이도 있잖아."

"아, 맞다. 상태하고 희철이도 있다."

"야, 그럼 몇 명이냐? 열 명 정도 된 것 같은데? 진우, 준태, 홍규, 경민이……."

신이 난 민구가 큰소리로 떠들며 손가락을 꼽아 보았다.

"조용히 좀 해라. 다 같이 있는 공간에서 그렇게 시끄럽게 떠들면 안 되지!"

구석에 앉아 있던 아저씨가 찌푸린 얼굴로 아이들을 보며 주의를 주었다. 은우와 민구는 머쓱해져서 얼른 자리에 앉았다.

"'던전 앤 파이터' 하자."

은우가 말했다.

두 사람은 컴퓨터를 켜고 인터넷 접속을 했다. 가슴이 두근거리기 시작했다. 게임을 하기 전에는 늘 이렇게 가슴이 설렌다.

"너 레벨 업 좀 시켰어?"

민구가 묻자, 은우는 고개를 절레절레 흔들었다. 그리고 오늘은 꼭 레벨을 올려야겠다고 속으로 다짐했다.

캐릭터를 선택한 뒤 두 사람은 가상의 방으로 들어갔다. 그곳에 있는 몬스터들을 물리쳐야 다음 방으로 갈 수 있었다. 은우와 민구는 부지런히 키보드를 두드리며 몬스터들을 물리쳤다. 그때마다 경험치가 조금씩 올라갔다. 보상카드도 주어졌다. 무엇이 나올지 궁금해 하며 아이들은 카드를 뒤집었다. 무기와 골드가 나왔다.

"이야, 신난다!"

아이들은 환호성을 지르며 게임을 했다.

레벨이 올라갈수록 몬스터들의 힘이 강해졌다. 반대로 아이들이 선택한 캐릭터는 피로도가 쌓여가고 있었다. 두 사람은 협공으로 몬스터들을 물리치기로 했다.

"왼쪽에 있는 놈부터 해치우자."

민구가 말했다.

"좋아."

두 사람은 힘을 합해 방망이를 든 초록색 몬스터를 무찔렀다. 경험치가 올라가면서 새로운 보상카드를 얻게 되자, 두 사람은 책상을 두드리며 즐거워했다.

"이번엔 뒤쪽에 있는 놈을 해치우자."

"아니야, 위쪽에 있는 놈부터 해치우자. 야, 뭐 해? 이리 와서 좀 도와줘!"

"가만히 좀 있어 봐. 나도 바빠!"

두 사람은 큰소리로 이야기를 주고받으며 게임을 했다. 그런 행동들이 다른 사람들에게 얼마나 방해가 되는지 두 사람은 미처 깨닫지 못하고 있었다. 시간이 지날수록 두 사람의 손놀림이 바빠졌다. 몬스터들의 힘이 커졌기 때문에 키보드를 빠르게 두드리며 공격을 막아내야 했다.

빨간색 동그라미가 하나씩 줄어들고 있었다. 그건 캐릭터의 생명력을 나타내는 표시였다. 몬스터의 공격을 막아내지 못하면 캐릭터의 생명력은 점점 떨어지고 나중에는 방으로 들어가지 못하게 되어 있기 때문에 두 사람은 신경질적으로 키보드를 두드렸다. 하지만 몬스터들의 공격이 너무 맹렬해 방어를 할 수가 없었다.

"에이~ 이게 뭐야? 컴퓨터가 완전 고물이잖아!"

화가 난 은우가 키보드를 와락 밀치며 일어났다.

"내 캐릭터도 죽었어!"

민구도 짜증을 내며 손바닥으로 컴퓨터를 툭 쳤다.

둔탁한 소리가 나자, 주인아저씨가 두 사람을 보며 물었다.

"무슨 일이냐?"

"아무것도 아니에요."

민구는 얼른 대답하고 나서 카운터 쪽으로

갔다. 그곳에는 음료수가 들어 있는 냉장고가 있었다.

"넌 뭐 마실 거야?"

콜라 캔 하나를 꺼내 든 민구가 은우를 쳐다보며 큰소리로 물었다.

"너나 마셔. 난 안 마실 거야."

은우가 그 자리에서 크게 대답했다. 근처에 있던 아가씨가 아까부터 계속 신경에 거슬리는 듯 얼굴을 찌푸리며 민구를 쳐다보았다. 그것도 모른 채 민구는 콜라를 마시며 자리로 돌아왔다.

처음부터 아이들을 지켜보고 있던 주인아저씨가 참다 못해 주의를 주었다.

"이곳엔 너희들만 있는 게 아니야. 좀 조용히 해라. 너무 시끄럽게 떠들면 다른 사람들에게 방해가 되잖니?"

그제야 은우와 민구는 주위를 둘러보았다. 칸막이로 가려져 있어 잘 보이지 않았지만 근처에 여러 사람들이 앉아 컴퓨터를 하는 것 같았다.

"그만 가자."

머쓱해진 은우가 자리를 털며 일어났다. 아저씨에게 야단도 맞고, 게임도 지고 나니 민구도 더 이상 PC방에 있고 싶지 않았다. 아이들은 서둘러 밖으로 나왔다.

서로를 존중하는 힘_예의

대책이 필요해

더 늦기 전에 하루라도 빨리 우리 아이들의 인성을
바로잡아 주는 게 더 중요하지 않겠어?

며칠 뒤 은우와 민구는 엄마와 함께 영화를 보러 갔다. 그날은 정기 모임이 있는 날이었다. 그 모임을 만든 것은 엄마들이었다. 대학 동창인 그들은 같은 아파트 단지에 살면서 두 달에 한 번씩 아이들을 위한 모임을 가졌다. 은우와 민구는 엄마와 함께 견학도 하고, 연극도 보러 가고, 미술관 투어도 하는 등 여러 가지 문화 체험을 해 왔다. 이번에는 영화를 보러 가기로 한 것이다.

네 사람은 버스를 타고 영화관이 있는 시내로 갔다. 휴일 오전인데도 영화관은 사람들로 붐비고 있었다. 인기가 많은 영화라서 그런 모양이었다.

영화관 안으로 들어서자, 고소한 냄새가 났다.

"엄마, 감자 칩 사 주세요."

민구가 스낵 코너 쪽으로 엄마의 손을 잡아끌며 말했다. 은우도 뒤따라갔다. 민구 엄마는 아이들에게 감자 칩과 팝콘을 사 주었다.

잠시 뒤, 개표가 시작되어 아이들은 영화를 보러 들어갔다. 안에는 사람들이 이미 드문드문 앉아 있었다.

"저기 앉자."

민구가 빈자리를 보며 말했다.

"안 돼. 정해진 자리에 앉아야지. 우리 자리 어디 있나 한번 찾아 봐."

은우 엄마가 표를 주며 말했다. 번호를 확인한 아이들은 서로 먼저 자리를 찾겠다며 계단을 뛰어 올라갔다.

"조용히 좀 해. 여기서 뛰면 안 돼."

은우 엄마는 아이들에게 주의를 주었다.

자리는 금방 찾을 수 있었다. 아이들은 자리에 앉자마자 과자를 먹기 시작했다.

"팝콘 맛있냐?"

감자 칩을 와삭와삭 씹어 먹으며 민구가 물었다.

"응, 맛있어. 먹어 봐."

은우가 고개를 끄덕이며 팝콘 통을 민구 쪽으로 기울여 주었다. 민구가 헤벌쭉 입을 벌리며 팝콘을 한 주먹 집었다.

"야, 너무 많이 가져갔잖아."

은우가 소리를 꽥 질렀다.

근처에 있던 사람들이 인상을 찌푸리며 아이들을 바라보았다.

"미안, 미안! 내가 손이 커서 말이야."

민구가 겸연쩍게 웃으며 사과를 했다.

"괜찮아. 나도 네 감자 칩 먹으면 되지 뭐."

은우가 씨익 웃으며 잽싸게 감자 칩 통을 낚아챘다.

"야, 뭐 하는 거야? 내 거란 말이야. 이리 줘!"

민구가 벌떡 일어나며 감자 칩 통을 빼앗으려고 했다. 그렇다고 쉽게 빼앗길 은우가 아니었다. 은우는 잽싸게 민구의 손길을 피했다.

"내놔. 내놓으라고."

민구가 투덜거리며 감자 칩 통을 빼앗으려고 했다.

"조용히 해!"

민구 엄마가 주의를 주었지만, 아이들은 계속 장난쳤다.

"아이고! 창피해서 영화도 못 보겠다. 사람들이 다 쳐다보잖아. 누가 영화관에서 이렇게 떠들래?"

은우 엄마가 참다 못해 야단을 치자, 그제야 아이들은 조용히 했다.

잠시 뒤 영화가 시작됐다. 아이들은 과자를 먹으며 화면을 응시했다. 낯설고 신비로운 풍경이 화면 가득 펼쳐졌다. 지구의 고갈된 자원을 구하러 외계 행성으로 나간 대원들의 모험을 다룬 영화였다. 아이들은 영화의 재미에 푹 빠져 버렸다. 주인공이 위기에 빠질 때면 자신도 모르게 아~, 으~ 하고 신음 소리를 내며 안타까워했고, 용감하게 위기를 탈출할 때면 안도의 한숨을 휴~ 내쉬었다.

그때 어디선가 벨소리가 들려왔다. 은우에게 걸려온 전화였다. 영화관 안에 있던 사람들이 모두 '뭐야?' 하는 표정을 지으며 은우를 바라보았다.

은우는 얼른 전화를 받았다. 같은 반 친구인 우주였다.

"나 영화관에 있어. 좀 있다 전화할게."

은우는 그렇게 말하고 전화를 끊었다.

"영화관에 들어오면 휴대폰 벨소리를 진동으로 바꿔 놔야지."

엄마가 작은 목소리로 주의를 주자, 은우는 얼른 전원을 껐다.

영화를 다 본 뒤, 일행은 근처에 있는 식당으로 점심을 먹으러 갔다. 영화관 근처에 있는 곳이라 그런지 점심시간이 지났는데도 사람들이 많았다.

"이쪽으로 오세요."

종업원이 빈자리로 안내를 해 주었다.

은우가 자리에 앉으려는 순간, 민구가 발로 슬쩍 의자를 밀었다. 엉덩이 끝이 의자에 걸려 균형을 잡지 못한 은우가 하마터면 넘어질 뻔했다.

"으헤헤헤!"

민구가 웃음을 터트렸다.

"너 잡히면 죽는다."

화가 난 은우가 의자를 밀치며 일어났다.

"미안, 미안."

민구가 웃으며 달아났다.

"어어어어~."

음식 쟁반을 들고 오던 종업원이 화들짝 놀라며 한쪽 옆으로 비켜났다.

"이놈들, 음식점에서 이게 무슨 소란이냐?"

어떤 할아버지 한 분이 호통을 치며 일어났다. 깜짝 놀란 아이들이 주춤 걸음을 멈추었다.

"아, 그냥 놔두세요."

앞에 앉아 있던 할머니가 엄마들 쪽을 힐끔 돌아보고 난 뒤 말했다.

"식당에서 저렇게 장난을 치는데 어떻게 놔둬?"

할아버지가 버럭 화를 냈다.

"요즘 젊은 사람들 간섭하는 거 싫어해요. 아, 김 여사 이야기 못 들으셨수? 목욕탕에서 아이들이 물장난을 치기에 주의를 줬더니 그 아이 엄마가 왜 자기 아이한테 잔소리를 하냐고 오히려 큰소리쳤다고 하잖아요. 영감도 괜히 봉변 당하지 말고 그냥 가만히 계슈."

"어른이 그러니까 애들 버릇이 없지. 잘못한 건 잘못했다고 말해 줘야 고칠 거 아니야. 잔소리가 듣기 싫으면 다른 사람한테 방해가 되지 않도록 애들을 가르쳐야 할 거 아냐? 안 그렇수?"

할아버지가 은우 엄마와 민구 엄마를 쳐다보며 물었다.

"아, 예. 죄송합니다. 이리 와서 가만히 좀 앉아 있어."

엄마들이 얼굴을 붉히며 사과를 하고 나서 아이들을 불러 야단을 쳤다. 많은 사람들이 보는 앞에서 혼이 난 아이들은 풀이 죽은 얼굴로 밥을 먹었다.

민구와 은우 엄마는 식당에서의 일을 계기로 심각하게 고민하기 시작했다.

"아무래도 대책을 세워야 할 것 같아."

은우 엄마가 말했다.

"기분이 나쁘기는 했지만 틀린 말은 아니야. 우리 민구가 평소에 버릇없다는 말을 종종 듣거든. 그래서 민구 할머니도 야단치실 때가 많고."

"우리 은우도 그래. 말대꾸도 잘하고, 어떤 때는 내 말이 채 끝나지도 않았는데 문을 쾅 닫고 들어간다니까. 벌써 사춘기가 온 걸까?"

"그렇다고 오냐오냐 할 수는 없지. 그러다가 애들 버릇만 더 나빠지니까."

민구 엄마가 말했다.

"시간이 지나면 좀 나아지지 않을까?"

은우 엄마가 걱정스레 물었다.

"'세 살 버릇 여든까지 간다'는 속담도 있잖니. 더 늦기 전에 애들 교육부터 시켜야 할 것 같아."

민구 엄마가 말했다.

"네 말이 맞아."

"학교 다닐 때는 공부가 제일 중요한 것 같아도 막상 사회에 나가면 사람 됨됨이가 더 중요한데 말이지. 혹시 예절 교육 가르쳐주는 곳 어디 없나?"

민구 엄마의 말에 은우 엄마가 고개를 끄덕이며 말했다.

"그거 참 좋은 생각이다. 조금 있으면 여름방학인데, 이번 방학 때 우리 애들 예절 학교에 보내 보자."

"학원은 어떡하고?"

민구 엄마는 다음 학기에 민구 성적이 떨어질까 봐 걱정이 되었다.

"방학 동안 잠시 쉰다고 무슨 큰일 나겠어?"

"그래도 불안하잖아. 다른 아이들은 영어 연수다, 특강이다, 하고 바쁠 텐데……."

"조금 전에 너가 그랬잖아. 막상 사회에 나가면 공부보다 사람 됨됨이가 더 중요하다고. 더 늦기 전에 하루라도 빨리 우리 아이들의 인성을 바로잡아 주는 게 더 중요하지 않겠어? 학년 올라가면 시간 내기 더 어려워져. 자연과 더불어 예절 교육을 받는 곳이 어디 있나 한번 찾아 보자."

"좋아, 그렇게 하자."

엄마들은 말을 끝낸 뒤 아이들에게 도움을 줄 수 있는 장소를 찾기 시작했다.

며칠 뒤, 드디어 적당한 곳을 찾아낸 은우 엄마와 민구 엄마는 아이들을 불러놓고 물었다.

"이번 여름방학에는 예절 학교에 가는 게 어떻겠니?"

"예?"

아이들은 눈을 동그랗게 떴다.

"그게 뭐 하는 학교인데요?"

은우가 물었다.

"예절을 배우는 학교지."

은우 엄마가 대답했다.

"고리타분해서 싫어요. 한복 입고 절하는 거 배우는 곳이잖아요. 할아버지 선생님이 한문 쓰는 거 가르치는 곳 맞지요?"

민구가 곧바로 손사래를 치며 말했다.

"아니야. 계곡에서 물놀이하고, 숲속에서 매미 잡고, 감자도 캐고, 나무타기도 할걸."

은우 엄마가 말했다.

"진짜예요?"

은우가 귀를 쫑긋 세우며 물었다.

"그럼. 이거 한번 볼래?"

은우 엄마는 기다렸다는 듯 미리 준비해 둔 사진을 보여주며 프로그램을 설명하기 시작했다.

은우는 호기심이 가득한 얼굴로 사진을 들여다보았다. 녹음이 우거진 숲속에 날아갈 듯한 기와집 두 채가 서 있었다.

"틀림없이 따분한 곳일 거야. 난 안 가!"

민구가 프로그램이 적힌 종이를 휘익 집어던지며 말했다.

"정 가기 싫으면 할 수 없지 뭐. 하지만 여기서 학원 다니는 것보다 이렇게 멋진 곳에서 다슬기도 잡고, 물놀이도 하고, 감자도 캐는 게 더 재미있을 것 같은데……."

민구 엄마가 민구의 눈치를 슬쩍 살피며 말했다.

"가자, 응? 재미있을 것 같아."

은우가 민구의 팔을 잡고 졸랐다.

"야, 너는 엄마가 하는 말을 다 믿니? 어쩌면 이 사진도 실제와 다를지 몰라. 가 보면 틀림없이 할머니 선생님이 계실걸?"

민구가 말했다.

"나는 할머니가 좋던데, 너는 왜 그렇게 싫어해?"

은우가 물었다.

"잔소리 하시니까 그렇지. 만날 야단만 치는데 뭐가 좋아?"

자신을 혼내던 할머니의 모습을 떠올리며 민구가 고개를 절레절레 흔들었다.

"우리 할머니는 야단 안 치시는데. 나만 보면 귀엽다며 엉덩이를 두드려 주셔. 우리 할머니는 내가 세상에서 제일 잘생겼대."

은우의 말에 민구가 으하하하하, 웃음을 터트리며 말했다.

"너네 할머니 시력이 안 좋으신가 보다. 안경 하나 사 드려."

"이만하면 귀염둥이 강아지 아냐?"

은우가 멍멍 짖으며 강아지 흉내를 내자, 민구가 배를 잡고 웃었다.

"혹시 게임 못하게 하려고 일부러 우리를 시골로 보내려는 거 아닐까?"

잠시 뒤 웃음을 그친 민구가 의심스런 표정을 지으며 물었다.

"어차피 여기 있어도 별로 게임 못하잖아."

"하긴 그래. 너는 하루에 게임 몇 시간 하냐?"

"두 시간."

"나도."

"더는 못하게 해. 방문 걸어 잠그고 하고 싶은데 엄마가 절대 안 된대. 문 잠그지 말래."

은우가 말했다.

"우리 엄마도 똑같아."

"엄마들끼리 의논해서 게임 시간 정해 놓은 거 아니야? 두 시간 이상 게임 못하게 하자고."

"그랬을지도 모르지."

"으, 정말 실망이야. 그런데 왜 문을 못 잠그게 하는 거지?"

"감시하려고 그러는 거지, 뭐. 학원 갔다 오는 길에 몰래 PC방 들르는 줄도 모르고……."

민구가 킥킥 웃으며 말했다.

"와, 넌 PC방도 갈 수 있어? 난 지난번에 한번 갔다가 엄마한테 들켜서 혼났는데. 우리 엄마는 내가 몇 시에 어디 갔는지 다 알고 있는 것 같아."

"우리 엄마도 알아. 학원 출입구에 센서가 붙어 있으니까."

"그런데 어떻게 엄마 몰래 PC방을 가니?"

"첼로 학원에는 센서가 없거든. 큭큭큭큭!"

민구가 웃었다.

"시골 가면 센서 같은 거 없겠지?"

"당연히 없겠지."

"그럼 가자. 학원 안 가도 되고 마음대로 뛰놀아도 되잖아. 너, 다슬기 잡아 봤어?"

은우의 물음에 민구가 "아니!" 하고 대답했다.

"되게 신기하다. 물속에 있을 때는 커다랗게 보이는데 잡고 나면 정말 작아."

"넌 어디서 잡아 봤는데?"

"2학년 여름방학 때 아빠와 캠핑 가서 잡아 봤어."

"그럼 물고기도 잡아 봤어?"

"응, 잡아 봤어."

"재미있어?"

"응, 정말 재미있어. 너도 잡아 봤잖아. 지난번에 갯벌 체험 갔을 때."

"아, 맞다. 망둥어 잡아 봤지. 미끈미끈한 게 손가락 사이로 자꾸 쑥 빠져나가는 바람에 갯골에 넘어졌잖아."

"맞아. 너 그거 잡으려다 흙 범벅 됐잖아."

"그래도 거기서 낙지도 잡았어."

"맞아, 맞아."

아이들은 즐거운 추억을 떠올리며 웃었다. 그러고 나자 예절학교에 가고 싶은 마음이 생겼다. 그곳에 가면 왠지 재미있는 일이 벌어질 것 같았다.

🏯 알쏭달쏭 예절 지키기 1

전화 예절

은우는 민구와 전화를 하는 도중에 매우 화가 났어요. 민구가 은우의 전화를 퉁명스럽게 받고, 바로 끊어 버렸기 때문이지요. 전화는 상대방의 얼굴을 볼 수 없기 때문에 말투나 전화 에티켓으로 모든 걸 판단할 수밖에 없어요. 즉, 전화 에티켓은 그 사람의 얼굴이지요. 그럼, 전화 걸 때와 전화 받을 때 지켜야 할 예절에 대해 알아볼까요?

전화 걸 때 알아야 할 예절

❶ 혹시 잘못 걸 수도 있으니 상대방의 번호를 반드시 확인하고 전화를 걸어요.
❷ 상대방이 전화를 받으면 먼저 인사를 해요.
❸ 용건을 말할 때에는 최대한 상대방의 기분이 상하지 않게 부드럽게 말해요.
❹ 전화를 끊을 때에는 끊겠다고 먼저 말한 뒤 끊어야 해요.
  어른과 전화를 할 경우에는 어른이 먼저 끊은 뒤에 끊으세요.

전화 받을 때 알아야 할 예절

❶ 상대방이 누구인지 확인하는 대로 먼저 인사를 해요.
❷ 혹시 다른 사람을 찾는 전화일 때에는 친절하게 기다리라고 한 뒤 바꿔 주세요.
❸ 상대방의 의견에 찬성하면 흔쾌히 좋다고 하고, 그렇지 않을 경우엔 정중히 거절하세요.
❹ 전화를 끊을 때에는 상대방이 먼저 끊은 뒤 수화기를 내려놓으세요.

서로를 존중하는 힘_예의

청운학당을 가다

부모님과 헤어진다는 사실이 실감났다.
은우와 민구도 콧날이 시큰해지는 것을 느꼈다.

드디어 여름방학이 되었다. 예절 학교에 갈 날이 점점 다가오자, 민구네와 은우네는 예절 학교에 갈 준비를 하기 시작했다. 미리 승합차도 빌려두었다. 따로따로 가지 않고 차 한 대로 같이 가기로 한 것이다.

예절 학교는 지리산 근처에 있었다. 그곳이 얼마나 먼지 모르는 아이들은 집을 떠날 때까지만 해도 소풍을 가는 것처럼 들떠 있었다. 하지만 얼마 지나지 않아 슬슬 지루함을 느꼈다. 고속도로를 달려갈 때였다.

"에취!"

갑자기 은우가 재채기를 했다.

"으~ 더러워."

밖으로 튀어나온 침방울을 보며 민구가 얼굴을 찌푸렸다.

"재채기를 할 때는 입을 가려야지. 이걸로 닦아."

앞자리에 앉아 있던 은우 엄마가 휴지를 건네주었다.

침을 닦은 은우는 다 쓴 휴지를 어디에 버릴까 망설이다가 창문을 열고 밖으로 휘익 던져버렸다. 하얀 휴지가 팔랑거리며 바람에 날아갔다. 그 모습이 마치 날아가는 새 같았다. 장난칠 거리를 찾아낸 은우는 휴지를 획획획획 뽑아 밖으로 날려 보냈다. 보고 있던 민구가 질세라 따라했다.

"빠아앙~."

뒤차가 경적을 울렸다.

어른들이 깜짝 놀라며 뒤를 돌아보니 펄럭거리며 날아가는 휴지들이 보였다.

"너희들이 그랬니?"

민구 엄마가 묻자, 민구와 은우는 슬그머니 창문을 닫았다.

"그러다 사고 나면 어쩌려고 그래? 잘못하다가 휴지가 유리창을 가리면 운전하는 사람이 얼마나 놀라겠니?"

은우 엄마가 따끔하게 야단을 쳤다.

민구 아빠도 위험한 행동이라며 아이들을 나무랐다. 의기소침해진 아이들은 잠자코 자리에 앉아 있었다.

한참 뒤 고속도로를 벗어난 차가 국도로 접어들자, 주변 풍경이 달라졌다. 시골 마을이 손에 잡힐 듯 가깝게 보였다. 나무 밑에 앉아 있는 사람들도 보였다. 고속도로가 직선이라면 국도는 곡선에 가까웠다. 구불구불 굽어진 길을 따라 가로수가 터널을 이루며 서 있는 곳을 지나기도 하고, 맑은 물이 흐르는 강을 끼고 달리기도 했다. 그러다가 차는 다시 산길로 접어들었다.

"이런 곳에 무슨 학교가 있다는 거야?"

민구가 중얼거리며 차창 밖을 내다보았다.

보이는 것이라고는 온통 산밖에 없었다. 은우도 불안한지 양팔로 앞좌석을 꽉 끌어안았다.

계속 달려 조금 더 가니 골짜기가 넓어지기 시작했다. 산 밑으로 드문드문 집들이 보이고, 골짜기 사이로 강이 흐르고 있었다. 조금 더 가니 제법 큰 동네가 나왔다.

"청운학당이 어디 있습니까?"

민구 아빠가 가게 앞에 차를 세우고 물었다.

"쩌그 저 길을 따라 올라가 보쇼이~ 왼짝에 있응께."

뽀글뽀글한 머리를 까맣게 물들인 할머니가 언덕 위쪽을 가리키며 말했다.

"고맙습니다."

민구 아빠는 꾸벅 인사를 하고 차를 출발시켰다. 좁고 가파른 언덕길을 5분쯤 올라가자 숲 사이로 기와집이 보였다.

"저기인가 보다."

민구 엄마가 말했다.

아이들은 고개를 쑥 빼고 밖을 내다보았다.

길가에 표지판이 세워져 있었다.

"무슨 학교가 이래?"

민구가 투덜거리며 불평을 했다.

좁은 길을 따라 들어가자 주차장이 나왔다.

어서 오십시오. 청운학당입니다.

주차장 울타리에 붓글씨로 쓰인 현수막이 걸려 있었다.

아이들은 낯선 환경에 쭈뼛거리며 차에서 내렸다. 주차장에는 차들이 빼곡히 들어차 있었다. 일행은 학당으로 올라갔다. 넓은 마당과 지은 지 얼마 안 되어 보이는 한옥 두 채가 덩그렇게 서 있었다.

"어서 오십시오."

한복을 입은 아저씨가 마중을 나오며 일행을 반겼다. 그분이 바로 청운학당을 운영하는 선생님이었다.

"서울에서 온 고은우입니다. 이쪽은 장민구이고요."

은우 엄마가 아이들을 가리키며 소개했다.

"시간 맞춰 오셨네요. 저는 청운이라고 합니다."

아저씨가 밝게 웃으며 인사했다.

"아, 선생님이시군요. 반갑습니다."

부모님들도 마주 서서 인사를 했다.

"안쪽에 강당이 있습니다. 간단하게 입소식을 할 예정이니 들어가십시오."

선생님이 왼쪽에 있는 기와집을 가리키며 말했다.

일행은 안으로 들어갔다.

"우리 말고도 많이 왔네요."

민구 엄마가 삼삼오오 모여 이야기를 나누고 있는 사람들을 보며 말했다.

"시설이 깨끗하니 좋아 보여요."

은우 아빠가 말했다.

"오미자 우린 물이에요. 좀 드세요."

보라색 옷을 입은 아주머니가 유리컵에 담긴 음료수를 가져다주었다. 붉게 우러난 색깔이 아주 고왔다.

"감사합니다."

어른들이 인사를 하며 두 손으로 공손히 컵을 받았다. 하지만 민구와 은우는 한 손으로 컵을 받았다. 은우가 컵을 들고 있는 사이, 민구가 음료수를 한 모금 벌컥 들이키더니 에퉤퉤퉤~ 하며 뱉어냈다.

"어머, 애!"

민구 엄마가 당황한 표정을 감추지 못하고 민구에게 주의를 주었다. 그런데도 민구는 계속 퉤퉤 하며 침을 뱉었다.

"그렇게 맛이 이상하니?"

아주머니가 물었다.

"예, 맛이 이상해요."

민구는 들고 있던 컵을 내밀며 말했다.

"죄송해요. 한 번도 안 먹어 본 맛이라 이상했나 봐요."

민구 엄마가 민구의 등을 꽉 꼬집으며 아주머니에게 대신 사과를 했다.

"아, 아파요. 왜 그래요?"

민구가 아프다며 비명을 질렀다.

강당 안에 모여 있던 사람들은 민구가 시끄럽게 굴자, 힐끔힐끔 쳐다보았다. 민구 엄마는 창피해서 얼굴을 못 들겠다며 고개를 숙였다.

그러는 사이 선생님이 어떤 할아버지 한 분을 모시고 강당으로 들어왔다. 그분은 옛이야기 속에 나오는 도사처럼 수염을 기르고 있었다.

"어? 할아버지 선생님이다."

민구가 실망한 표정을 지으며 말했다.

"조용히 해라."

민구 엄마가 화난 목소리로 주의를 주었다.

"다들 먼 길 오느라 애쓰셨습니다. 지금부터 간단하게 입소식을 거행하도록 하겠습니다. 자리에 앉아 주시겠습니까?"

선생님이 강당 안을 주욱 둘러보며 말하자, 서 있던 사람들이 자리에 앉았다.

"저는 이곳을 운영하고 있는 곽형섭이고요, 호는 '청운'이라고 합니다. 앞으로 이 주일 동안 자제분들을 저희에게 맡기시려면 궁금한 점들이 많으실 텐데요, 팜플렛과 홈페이지에 소개되어 있다시피 이곳은 저희 가족이 운영하는 곳입니다. 우선 저희

도사님 같아!

할아버지 선생님!!

가족을 소개하겠습니다. 여기 이분은 저희 아버님이십니다. 한학을 하셨어요. 여러분이 이곳에 머무는 동안 한문과 붓글씨를 가르쳐 주실 겁니다. 그리고 이쪽은 제 아내입니다."

선생님은 오미자 우린 물을 가져다 주신 아주머니를 가리키며 말했다.

"여러분들이 이곳에서 생활하는 동안 불편한 점이 없도록 돌봐 주고, 식사도 챙겨 주실 거예요. 오미숙 선생님이라고 합니다. 그 외 야외 활동과 체험 학습, 그리고 예절 교육에 관해서는 제가 맡을 것입니다. 특별히 궁금한 점 있으십니까?"

"……."

"그럼 시설에 대해 간단히 설명을 드리겠습니다. 보시다시피 주요 건물은 두 채입니다. 이곳에는 강당과 도서실, 사무실, 교실 등이 있고요, 옆 건물에는 방이 모두 열 개 있습니다. 한 방에 네 명씩 생활을 할 거고, 부모님이 떠나고 나면 여러분들은 곧 입실을 할 겁니다. 그때부터 이 주일 동안의 교육이 시작되는 거지요. 미리 말씀 드렸다시피 이곳에 있는 동안 여러분은 부모님과 연락을 할 수 없습니다. 저희가 정해 놓은 규칙에 따라 생활을 해야 합니다. 이런 점에 모두 동의하시나요?"

이번에는 부모님들이 모두 "예." 하고 대답을 했다.

"그럼 여러분이 지내게 될 시설물을 한번 보여 드릴까요?"

선생님은 그렇게 말하고 부모님과 아이들을 밖으로 안내했다. 한옥의 멋을 한껏 살린 건물을 둘러보고 뒤쪽으로 돌아가자 식당이 나왔다. 식당 뒤에는 여러 가지 과일 나무가 심어진 과수원이 있었다.

"우와! 사과다."

아이들이 환호성을 지르자, 어른들도 즐거워하며 말했다.

"어머! 배도 있네."

"감도 있고, 매실 나무도 있어."

"토마토랑 고구마도 있는걸?"

"저게 다 아이들의 식량입니다. 이곳에 있는 동안 아이들은 여기에서 기른 채소와 과일을 먹을 겁니다."

"어머, 잘됐네요."

민구 엄마가 활짝 웃으며 좋아했다.

야채를 싫어하는 민구는 쳇, 하고 콧방귀를 뀌었다. 입소식은 금방 끝났다.

"부모님께 하직 인사를 드리세요. 양손을 가지런히 앞으로 모으고 이렇게 허리를 깊이 굽혀서 절을 하는 겁니다. 안녕히 가십시오."

선생님이 몸소 시범을 보이며 큰소리로 인사하자 아이들도 엉거주춤 따라했다.

부모님들이 숙연한 표정을 지으며 아이들을 바라보았다.

"이 주일 동안 못 보실 텐데 아이들을 한번 안아 주시고요, 격려의 말씀도 한 마디씩 해 주세요."

선생님의 말이 끝나자 부모님들이 아이들을 와락 껴안았다. 어떤 엄마는 훌쩍이며 눈물을 보이기도 했다. 그러자 다들 부모님과 헤어진다는 사실이 실감났다. 은우와 민구도 콧날이 시큰해지는 것을 느꼈다.

"잘 지내."

아빠들은 아이들의 어깨를 툭툭 두드려 주었고, 엄마들은 눈물을 글썽이며 아이들을 꼭 껴안아 주었다.

"부모님을 배웅하고 난 뒤 4시 30분까지 강당으로 모이도록 하세요."

선생님이 말했다.

은우와 민구는 각각 부모님을 모시고 주차장으로 갔다. 다른 아이들도 주차장으로 내려와 배웅을 하고 있었다.

"건강하게 잘 지내고 있어야 한다."

"이 주일 뒤에 보자."

엄마들은 애써 침착한 얼굴을 하며 아이들의 어깨를 한 번 더 두드려 주었다.

"갑시다!"

민구 아빠가 먼저 차에 올라타 시동을 걸었다.

은우와 민구는 허전함을 이기지 못하고 차 옆에 바짝 붙어 서 있었다.

"잘 있어."

엄마들이 창밖으로 고개를 내밀고 한 번 더 손을 흔들어 주었다. 은우와 민구도 마주 손을 흔들었다.

차가 서서히 주차장을 빠져나갔다. 마음속에 뿌리를 박고 있던 굵은 나무 하나가 쑥 뽑히는 기분이었다. 은우와 민구는 불안함을 느끼며 한참 동안 차 꽁무니를 바라보았다.

서로를 존중하는 힘_예의

규칙을 지켜라

선생님이 깊이 고개를 숙여 인사를 하는 동안
아이들은 멀뚱한 표정으로 선생님을 쳐다보았다.

"우이 씨이~ 괜히 온다고 했어."

숲 속에 덩그렇게 서 있는 기와집을 보며 민구가 말했다. 은우도 그런 생각이 들었다. 하지만 이제 와서 되돌릴 수도 없는 노릇이었다. 아이들은 터덜터덜 강당으로 돌아갔다. 다른 아이들도 대부분 돌아와 있었다. 4시 30분이 되자, 선생님이 들어왔다.

"부모님들은 잘 보내드렸습니까?"

"예에~."

아이들이 맥 빠진 목소리로 대답을 했다.

"부모님과 헤어지게 되어 지금은 마음이 허전하고 서운할 겁니다. 그러나 이곳에서 지내다 보면 차차 적응을 하게 될 겁니다. 부모님들도 여러분이 건강하고 즐겁게 지내기를 바라실 테니까 기대에 어긋나지 않게 다 같이 잘 지내 봐요. 앞으로 이 주일 동안 여러분과 나는 스승과 제자로 만나게 되었으니 다시 한번 인사를 나누도록 할까요? 반갑습니다."

선생님이 깊이 고개를 숙여 인사를 하는 동안 아이들은 멀뚱한 표정으로 선생님을 쳐다보았다.

"상대방이 인사를 할 때는 같이 인사를 하는 게 예의입니다. 특히 어른이 인사를 할 때는 공손히 맞절을 해야 합니다. 알겠습니까?"

선생님이 큰소리로 말했다.

아이들이 얼떨결에 "예." 하고 대답했다.

"그럼 다시 한번 해 보겠습니다. 저는 앞으로 이 주일 동안 여러분들을 가르치게 될 곽형섭입니다. 반갑습니다."

선생님이 다시 꾸벅 고개를 숙이자, 아이들도 덩달아 꾸벅 고개를 숙였다.

"잘했습니다. 자, 이제부터 여러분의 청운학당 생활이 시작되었습니다. 아까도 말했지만 이곳에서 잘 지내려면 몇 가지 규칙을 지켜야 합니다. 첫째는 시간을 잘 지키는 것입니다."

선생님은 그렇게 말하며 아이들에게 기상 시간과 식사 시간을 알려 주었다. 아이들이 매일 아침 일어나야 할 시간은 6시 30분이었다.

"으~ 어떻게 매일 그 시간에 일어나라는 거야!"

여기저기서 불평하는 소리가 들렸다. 은우와 민구도 속으로 불평을 했다.

"일찍 자면 일찍 일어날 수 있습니다. 이곳에서는 컴퓨터를 사용할 수도 없고, 텔레비전을 볼 수도 없기 때문에 밤이 되면 저절로 일찍 잠자리에 들게 될 겁니다."

선생님이 웃는 얼굴로 아이들을 보며 말했다.

"우이 씨이~ 뭐야?"

아이들이 우거지상을 하며 투덜거렸다.

"매일 아침 세수를 깨끗이 하고 이부자리를 정리한 다음, 여러분은 문안 인사를 드려야 합니다."

"문안 인사는 어떻게 하는 건데요?"

누군가가 물었다.

"옛날에는 아침에 일어나면 반드시 옷차림을 단정히 한 다음, 부모님께 아침 인사를 드리러 갔습니다. 밤사이 어디 불편한 데는 없으셨는지 여쭤보러 간 것이지요. 그것이 자신을 낳아 주고 길러 주신 부모님에 대한 도리였습니다. 여러분도 아침마다 부모님께 안녕히 주무셨냐고 인사를 드려야 합니다."

선생님이 설명을 해 주었다.

"그럼 우리도 아침마다 부모님께 인사를 드리러 가요? 우리 부모님은 서울에 계시는데요?"

은우가 묻자, 선생님이 하하 웃고 난 뒤 이렇게 말했다.

"부모님이 안 계시니까 대신 이곳에서 가장 어른이신 훈장님께 인사를 드리러 가야 합니다. 알겠습니까?"

선생님이 큰소리로 묻자, 아이들도 덩달아 큰소리로 "예에." 하고 대답했다.

선생님은 이어서 아이들이 지켜야 할 규칙을 일러 주었다. 두 번째 규칙은 인사를 잘하는 것이었다.

"인사를 할 때는 공손하게 상대방을 존중하는 태도를 가져야 합니다. 알겠습니까?"

선생님이 말했다.

"예에."

아이들은 건성으로 대답했다.

선생님은 세 번째와 네 번째 규칙도 말해 주었다. 세 번째 규칙은 몸가짐을 단정히 하는 것이고, 네 번째 규칙은 고운 말을 쓰는 것이었다. 선생님은 규칙을 어기게 되면 반드시 벌칙을 받게 된다고 말했다.

"어떤 벌칙을 받는데요?"

여기저기서 아이들이 물었다.

"그때그때 다른 벌칙을 받습니다. 그러니 반드시 규칙을 지키도록 하세요."

선생님이 얼굴에서 웃음기를 싹 거두며 말했다.

선생님의 엄숙한 모습을 보며 아이들은 살짝 긴장했다.

"그럼 이제 방을 정하도록 할까요? 출입문 옆에 게시판이 보이지요? 거기 보면 여러분들의 이름이 적혀 있습니다. 그 옆에 방 번호도 적혀 있으니까 가서 확인하고 오세요."

선생님이 말했다.

아이들은 게시판 앞으로 우루루 달려갔다.

은우와 민구는 5번이었다. 아이들이 방 번호를 확인하고 오는 사이, 선생님은 책상 위에 1번부터 10번까지 번호가 적힌 종이를 한 장씩 내려놓았다.

"1번 방에 배정된 친구들은 이곳에 앉으세요. 2번 방에 배정된 친구들은 이곳, 3번 반에 배정된 친구들은 이곳……."

선생님의 지시에 따라 아이들은 네 명씩 무리 지어 앉았다. 은우와 민구는 5번 종이가 놓인 자리에 앉았다. 덩치가 커다란 아이와 안경을 낀 작은 아이도 5번 종이가 놓인 자리로 와서 앉았다. 이 주일 동안 은우, 민구와 같은 방에서 함께 지내게 될 승찬이와 승호였다.

"이제 여러분은 이곳에 있는 동안 한 팀이 되어 생활하게 될 겁니다. 앞으로 잘 지내도록 하세요."

선생님이 그렇게 말하는 동안에도 승찬이는 다리를 떨며 손톱을 물어뜯고 있었다. 그 모습이 왠지 불안하고 초조해 보였다.

"이제 각자 방으로 가서 짐을 정리하고 서로 인사를 나누도록 하세요."

선생님은 그렇게 말을 하고 난 뒤 방의 구조와 짐을 정리하는 방법 등을 간단히 설명해 주었다.

"방이 어디에 있다는 거야?"

선생님의 말이 모두 끝나고 난 뒤 은우가 민구를 보며 물었다.

"그것도 모르냐? 아까 말해 줬잖아, 옆 건물에 있다고."

승찬이가 핀잔을 주며 은우를 흘겨보았다.

'뭐야?'

당황한 은우는 눈을 휘둥그레 뜨고 민구를 보았다. 민구도 황당하다는 표정을 짓고 있었다.

하지만 승찬이는 아랑곳하지 않고 밖으로 나가 버렸다.

"형, 같이 가."

승호가 승찬이를 부르며 뒤따라갔다.

"둘이 형제야?"

민구가 고개를 갸웃거리며 물었다.

"몰라."

짜증이 난 은우는 더 이상 알고 싶지도 않았다.

"우리보다 나이가 많은가 봐. 6학년인가?"

승찬이의 우람한 뒷모습을 눈으로 훑으며 민구가 말했다.

"6학년이면 다야?"

기분이 나빠진 은우는 불쾌한 표정을 지으며 투덜거렸다.

5번 방으로 가 보니 승찬이와 승호가 먼저 와 있었다. 은우와 민구는 방문 앞에 멍하니 서 있었다. 승찬이가 방 가운데 앉아 가방 안에 든 물건을 마구 꺼내고 있었다. 방 안은 집어던진 물건들로 난장판이 되어 있었다.

'우리 가방은 어디에 있는 거야?'

은우는 두리번거리며 방 안을 구석구석 살펴보았다. 이층 침대 두 개와 사물함 네 개가 보였다. 그 앞에 가방 두 개가 나란히 놓여 있었다.

"야, 우리 가방 저기 있다."

은우가 말했다.

그때 승찬이가 "우이 씨이~ 없잖아!" 하며 벌떡 일어났다.

은우는 화들짝 놀라며 입을 꽉 다물었다.

"내 게임기 어떻게 한 거야? 야, 엄마한테 전화 좀 해봐!"

승찬이가 승호를 보며 고함을 질렀다.

"휴대폰 없어. 엄마가 가져갔잖아."

"에이 씨이~ 이게 뭐야?"

화를 내던 승찬이는 손톱을 물어뜯으며 방 안을 빙빙 맴돌더니 갑자기 침대 다리를 걷어찼다. 난폭한 승찬이의 행동에 은우와 민구는 잔뜩 겁을 먹고 있었다.

"아아아아~."

발가락을 움켜쥐며 비명을 지르던 승찬이가 절룩거리며 문 쪽으로 다가왔다. 은우와 민구는 얼른 옆으로 비켜섰다.

"게임을 못해서 그래요."

승호가 승찬이 대신 변명을 하였다.

은우와 민구는 그게 무슨

소리인지 이해할 수가 없었다.

"우리 형은 게임을 하지 못하면 신경질을 내요. 우리 엄마가 그러는데 금단 현상 때문이래요. 며칠 지나면 괜찮아질 거예요."

승호가 형이 어질러놓은 물건들을 치우며 말했다. 덩치는 승찬이의 반밖에 안 되는 데 승호가 마치 형 같았다.

"친형이야?"

은우가 물었다.

"예."

승호가 대답했다.

"몇 학년인데?"

이번에는 민구가 물었다.

"5학년이요."

승호가 대답했다.

'애걔! 덩치가 커서 6학년인 줄 알았는데 5학년이라고?'

민구는 속으로 코웃음을 쳤다. 다음에 또 무례

하게 굴면 당당히 맞서야겠다고 생각했다.

기회는 금방 찾아왔다. 밖에 나갔다 온 승찬이가 방에 앉아 짐 정리를 하고 있는 민구의 엉덩이를 툭 차며 비키라고 말했다.

"아, 뭐야?"

민구는 벌컥 신경질을 내며 일어났다.

"너, 몇 학년이냐?"

승찬이가 물었다.

"4학년이다, 왜?"

"나는 5학년이야."

승찬이가 거드름을 피우며 말했다.

"그래서 어쩌라고?"

민구가 매섭게 쏘아붙이자, 승찬이가 주먹 쥔 손을 치켜들며 소리쳤다.

"반말하지 말라고!"

금방이라도 때릴 듯한 기세였다. 더럭 겁이 난 민구는 자기도

모르게 슬그머니 눈을 내리깔고 말았다.

"나가자."

은우가 민구의 팔을 잡아끌었다.

못 이기는 척하고 민구는 은우를 따라 밖으로 나갔다. 하지만 생각할수록 화가 났다.

"뭐 저런 녀석이 다 있어? 5학년이면 나랑 한 살밖에 차이 안 나는데, 뭐. 그리고 형이면 형답게 굴어야지. 안 그래?"

민구는 콧김을 쉭쉭 내뿜으며 승찬이 흉을 봤다. 그래도 분이 풀리지 않았다.

🏠 **알쏭달쏭 예절 지키기 2**

인사 예절 & 언어 예절

청운학당에 도착하여 선생님과 인사할 때, 민구와 은우 부모님은 공손하고 깍듯하게 인사를 잘했지요. 은우와 민구가 본받아야 할 모습이에요. 한편, 승찬이는 첫 만남부터 말이 거칠어서 같은 방 친구들을 놀라게 했어요. 은우와 민구, 그리고 승찬이가 알아야 할 인사 예절과 언어 예절에는 어떤 것이 있을까요?

어른에게 인사할 때 알아야 할 예절

① 길이나 복도에서 자주 사람을 만날 때에는 말없이 고개를 숙이며 눈으로 인사해요. 이걸 '목례'라고 하지요.
② 언제나 다정하고 밝은 표정으로 상대를 바라보며 인사를 해요.
③ 인사를 할 때에는 윗몸을 15도 정도 굽혀서 해요.
④ 악수는 웃어른이 먼저 청할 때 해요. 이때 몸을 약간 굽히면 더욱 좋아요.

상대방을 기분 좋게 하는 언어 예절

① 어른과 말할 때에는 힝싱 존댓말을 사용하세요.
② 상황과 때에 맞는 존칭을 사용하는 게 중요해요. 어른에게 자기 자신(또는 우리)을 낮출 때에는 '제가~' '저희~' 라고 말을 해야 돼요.
③ 상대방을 불쾌하게 하거나 난처하게 만드는 말은 반드시 삼가야 해요.
④ 바른말과 고운 말을 쓰도록 하고, 비속어나 허풍은 멀리 하세요.
⑤ 상대방이 관심을 가질 만한 주제로 대화하고, 되도록 차분하고 부드럽게 말하세요.

서로를 존중하는 힘_예의

내가 먼저 먹을 거야

두 사람은 먹기 시합이라도 하는 것처럼
맹렬한 기세로 닭다리를 물어뜯고 있었다.

저녁 먹을 시간이 되자, 아이들은 우루루 식당으로 몰려갔다. 은우와 민구도 늦지 않게 식당에 도착했다.

식당 안에는 모두 열두 개의 탁자가 놓여 있었다. 두 개는 선생님들이 앉는 자리였고, 나머지 열 개는 아이들이 앉는 자리였다. 아이들은 방 번호와 똑같은 번호가 적힌 자리로 가서 앉았다.

탁자 위에 차려진 음식을 쭈욱 훑어보고 난 뒤 민구가 실망한 듯 외쳤다.

"애걔! 이게 뭐야?"

콩나물 무침과 호박 볶음, 두부 조림이 반찬의 전부였다.

"음식이 마음에 안 듭니까?"

선생님이 물었다.

"예에~~."

아이들이 큰소리로 대답했다.

"우리는 가공 식품을 사용하지 않습니다. 그러니 여러분은 앞으로도 이런 밥상을 쭈욱 받게 될 것입니다."

선생님이 미소 띤 얼굴로 아이들을 보며 말했다.

그러는 동안에도 벌써 젓가락을 들고 밥을 먹는 아이들이 있었다. 승찬이도 그중 하나였다.

"잠깐! 모두 수저를 내려놓고 주목하도록 하세요. 식사 시간에 여러분들이 반드시 지켜야 할 규칙이 있습니다."

선생님이 말했다.

"또 무슨 규칙이야?"

몇몇 아이들이 짜증을 내며 불평했다.

"첫째, 식사 시간을 지켜 주세요. 여러분이 식사 시간을 지키지 않으면 음식을 준비하는 분들이 여러 차례 수고를 하게 됩니다. 그러니까 식사 시간을 꼭 지켜 주길 바랍니다. 둘째, 웃어른이 먼저 수저를 들기 전에는 음식을 먹지 마세요. 배가 고파도 조금 참기 바랍니다. 그게 웃어른에 대한 예의니까요."

선생님이 그렇게 이야기를 하는데도 승찬이는 계속 밥을 먹고 있었다.

"좀 있다 먹어, 형."

보다 못한 승호가 승찬이를 말렸다. 그런데도 승찬이는 계속 밥을 먹었다.

선생님은 나머지 규칙들도 이어 말했다. 세 번째 규칙은 음식을 남기면 안 된다는 것이었고, 네 번째 규칙은 밥을 먹을 때 장난을 치거나 소란을 피우면 안 된다는 것이었다. 선생님은 그런 규칙을 어기면 벌을 받게 된다는 것도 말해 주었다.

"오늘은 여러분이 온 첫날이라 특별 음식을 마련했으니 많이 먹기 바랍니다."

선생님은 말을 끝내자마자, 아이들 앞에 찜닭 한 마리씩 가져다 놓았다. 그걸 본 민구의 표정이 눈에 띄게 밝아졌다.

"감사히 먹겠습니다."

선생님이 수저를 들며 말했다.

몇몇 아이들이 선생님을 따라하며 수저를 들었다. 그 사이 승찬이가 닭다리 하나를 가져가 우적우적 먹기 시작했다. 민구도 질세라 나머지 다리 하나를 가져갔다.

은우는 은근히 화가 났다. 찜닭 그릇 속에는 여러 토막의 닭고기가 들어 있었지만 자신이 제일 좋아하는 부위를 빼앗겨서 화가 난 것이었다. 은우는 못마땅한 표정을 지은 채 승찬이와 민구를 바라보았다. 두 사람은 먹기 시합이라도 하는 것처럼 맹렬한 기세로 닭다리를 물어뜯고 있었다.

'뭐야? 돼지같이······.'

은우는 속으로 두 사람의 흉을 보고 있었다.

입가에 양념 국물을 묻힌 채 쩝쩝거리며 닭다리를 다 먹어 치운 승찬이가 국물을 떠먹던 숟가락을 들고 찜닭 그릇을 뒤적이기 시작했다.

"더럽게 왜 먹던 숟가락으로 휘젓고 그래?"

은우가 화를 냈다.

하지만 승찬이는 그러거나 말거나 찜닭 그릇을 뒤적이더니 날개 두 쪽을 모두 골라가 버렸다. 식탐이 없는 은우는 승찬이의 행동이 그저 어이가 없을 뿐이었다. 하지만 먹는 걸 누구보다 좋아하는 민구는 위기를 느꼈다. 이대로 있다가는 고기를 모두 승찬이에게 빼앗길 것 같았다. 마음이 급해진 민구가 제 앞으로 찜닭

그릇을 당기며 말했다.

"형은 이제 그만 먹어."

"왜?"

승찬이가 눈을 동그랗게 뜨고 물었다.

"많이 먹었잖아."

민구의 말에 승찬이가 풋, 하고 코웃음을 치더니 찜닭 그릇을 잡았다. 민구도 질세라 찜닭 그릇을 꽉 붙잡았다.

"놔라."

승찬이가 말했다.

"싫어. 못 놔."

"놓으라니까."

두 사람은 찜닭 그릇을 잡고 실랑이를 벌였다.

"하지 마, 형."

승호가 안절부절 못하며 승찬이를 말렸다.

은우는 선생님 자리를 힐끔 쳐다보았다. 승찬이가 된통 혼이 났으면 좋겠다는 생각이 들었다. 그 사이 힘이 달린 민구가 찜닭 그릇을 놓치고 말았다.
와당탕 소리를 내며 승찬이가
찜닭 그릇을 안고 뒤로
나가떨어졌다.
"무슨 일이야?"
"안 다쳤어?"

선생님들이 헐레벌떡 달려왔다.

"에이 씨이~~."

승찬이가 신경질을 내며 옷에 붙은 당면 가닥과 감자 조각을 떼어냈다.

"우헤헤헤~ 고것 쌤통이다!"

민구가 웃음을 터트리며 승찬이를 놀렸다.

"조용히 해라."

선생님이 엄한 눈으로 민구를 보며 주의를 주었다.

그날 밤, 또 하나의 사건이 일어났다. 저녁을 먹은 뒤, 은우와 민구는 세면장에서 샤워를 하고 왔다. 그런데 승찬이가 혼자 침대에 걸터앉아 초콜릿을 먹고 있었다.

"어?"

민구의 눈이 커졌다.

은우도 당황한 표정으로 승찬이를 바라보았다.

청운학당에서는 일체의 군것질이 허용되지 않았다. 그래서 민구는 서울에서 내려올 때 가방 안에 초콜릿을 몰래 숨겨왔는데 승찬이가 먹고 있는 초콜릿이 민구가 가지고 온 초콜릿과 똑같

앉던 것이다.

민구는 서둘러 사물함을 열어 보았다. 역시 초콜릿 통이 보이지 않았다.

"그거 내 거지?"

"응."

승찬이가 고개를 끄덕였다.

"우이 씨이~ 왜 남의 걸 마음대로 먹는 거야?"

민구가 소리치며 초콜릿 통을 집어 들었다. 통 안은 이미 거의 비어 있었다.

"다 먹었잖아! 누가 내 초콜릿 먹으래."

먹이를 모두 빼앗겨버린 짐승처럼 민구가 울부짖으며 승찬이에게 달려들었다.

"너 때문에 나는 밥도 못 먹었어."

승찬이가 말했다.

"그게 왜 나 때문이야? 너 때문이지."

"너 지금 나한테 반말하는 거야?"

"그래, 반말한다. 5학년이면 다야? 내 초콜릿 내놔!"

민구가 발을 동동 구르며 소리쳤다.

"그건 가지고 오면 안 되는 거잖아. 넌 규칙 위반이야, 인마!"

승찬이도 지지 않고 소리쳤다.

"그러는 너는 선생님이 수저를 들기도 전에 밥을 먹었잖아."

"나는 너 때문에 옷도 다 버렸어."

"쌤통이다!"

"이게?"

말씨름을 하던 두 사람은 서로 엉겨 붙어 싸웠다.

은우는 민구가 승찬이의 코를 납작하게 만들어주기를 바라고 있었다. 하지만 나이도 어리고 덩치도 작은 민구가 승찬이를 이길 수는 없었다.

"아, 왜 이러는 거예요?"

은우는 승찬이의 팔을 잡고 늘어졌다.

"비켜!"

승찬이가 은우의 손을 뿌리치고 난 뒤, 민구를 향해 주먹을 날렸다.

약이 오를 대로 오른 민구가 두 눈을 꼭 감고 마구 주먹을 휘둘렀다. 은우는 어찌할 바를 모르고 우왕좌왕 하고 있었다.

"형, 하지 마."

화장실에 갔다 온 승호가 승찬이의 옷을 붙들고 말렸지만 소용이 없었다. 옆방 아이들 중 하나가 이 모습을 보고 달려가 선생님을 모시고 왔다.

"이놈들, 당장 그만 두지 못하겠느냐?"

선생님이 벼락같이 호통을 치셨다. 그제야 두 사람은 주먹질을 멈추었다.

"어찌 된 일이냐?"

선생님이 은우를 보며 물었다.

"이 형이 내 초콜릿 다 먹었어요."

은우가 입을 열기도 전에 화가 난 민구가 소리쳤다.

"초콜릿을 가져오는 건 규칙 위반이잖아요!"

승찬이도 지지 않고 소리쳤다.

"그러는 너는 규칙 위반 안 했냐?"

민구도 질세라 소리쳤다.

"규칙을 위반하면 벌칙이 있다고 말했을 텐데……."

선생님이 말했다.

그때까지만 해도 승찬이와 민구는 사태 파악을 못한 채 씩씩거리며 서로를 노려보고 있었다.

"너희는 한꺼번에 몇 가지 규칙을 어겼다. 고운 말을 쓰라고 했는데 서로 욕을 하며 싸웠고, 식사 예절도 지키지 않았다. 또 금지된 물건을 가지고 왔어. 이만하면 벌을 받을 만하지?"

선생님이 아이들을 보며 물었다.

승찬이와 민구는 대답을 하지 못했다.

"너희들 모두 내일 아침을 굶도록 해라."

선생님이 말했다.

"저도요?"

은우가 눈을 둥그렇게 뜨고 물었다.

"그래, 같은 팀원이 잘못했으니 함께 대가를 치러야지."

선생님은 그렇게 말하고 난 뒤 아래층으로 내려가 버렸다.

"에이, 이게 뭐야?"

잘못한 것도 없는데 같이 벌을 받아야 하다니……. 은우는 생각할수록 화가 났다.

서로를 존중하는 힘_예의

존댓말은 어려워

너는 이제부터 승찬이를 반드시 형님이라고 불러라.
너는 민구를 아우님이라 부르고.

예절 학교에서의 첫날 밤은 그렇게 깊어가고 있었다. 은우는 또다시 괜히 왔다는 생각을 했다. 승찬이와 한 방을 써야 한다는 사실이 너무 싫었다. 형을 말리느라 기운이 다 빠진 승호는 일찌감치 잠이 들었고, 승찬이와 민구도 티격태격 말다툼을 하다 잠이 들었다.

"끼익끼익~."

밤새가 울었다.

은우는 그때마다 소스라치게 놀라며 창 쪽을 바라보았다. 바람에 나뭇잎이 흔들리고 있었다. 금방이라도 어둠 속에서 머리를 풀어헤치고 귀신이 나올 것 같았다.

"민구야, 자?"

겁이 난 은우는 민구의 침대로 갔다.

민구는 코를 골며 자고 있었다. 은우는 민구 옆에 바짝 붙어 누웠다. 좁은 침대에 두 사람이 누워 있으려니 무척 불편했다. 하지만 은우는 자기 침대로 돌아가지 않고 민구의 침대에서 잠이 들었다. 자리가 불편해서 그런지 계속 무서운 꿈을 꾸었다. 공포 영화의 주인공처럼 은우는 밤새 쫓겨 다녔다. 그느라 다음날 아침 기상 시간을 어기고 말았다.

번쩍 눈을 떠 보니 방바닥에 누워 있었다. 그때까지도 민구는 쿨쿨 잠을 자고 있었다.

"야, 일어나!"

은우는 서둘러 민구를 깨웠다.

두 사람은 잠옷을 입은 채 밖으로 나왔다. 복도가 텅 비어 있었다. 그제야 아침마다 훈장님께 문안 인사를 드릴 거라고 했던 선생님의 말씀이 떠올랐다. 은우와 민구는 허겁지겁 아래층으로 내려갔다. 아이들이 훈장실 앞에 열 명씩 줄을 맞춰 서 있었다. 두 사람은 맨 뒤쪽으로 가서 섰다.

"너희들은 이쪽으로 나오너라."

선생님이 말했다.

은우와 민구는 굳은 표정으로 줄에서 비켜났다.

아이들이 모두 문안 인사를 드릴 때까지 선생님은 두 사람을 구석 자리에 세워 두었다. 이윽고 인사가 모두 끝나자 선생님은 두 사람을 현관으로 데리고 가더니 신발 정리를 하라고 말했다.

그게 벌이었다.

"쳇, 무슨 벌이 신발 정리야?"

은우와 민구는 입을 쑥 내밀었다.

신발을 벗으면 반드시 신발장에 넣으라고 선생님이 말을 했는데도 대부분의 아이들이 아무렇게나 신발을 벗어 놓았다. 그래서 현관은 뒤엉킨 신발들로 어지러웠다. 은우와 민구는 하나하나 짝을 맞춰 가며 신발을 정리했다. 어지러웠던 현관이 깔끔해졌다. 덩달아 기분도 좋아졌다.

"어떠냐?"

깨끗이 정돈된 현관을 가리키며 선생님이 물었다.

"좋아요."

은우와 민구가 동시에 대답했다.

"몸가짐이 너저분하면 마음도 산란해진단다. 항상 주변을 정리정돈하도록 해라. 옷차림을 단정히 하는 것도 이와 똑같은 이치란다. 몸가짐을 단정히 하면 마음도 반듯해지지. 몸은 마음을 담는 그릇이야. 그릇이 깨끗하지 않으면 물이 금방 흐려진단다. 알겠니?"

은우와 민구는 "예." 하고 대답했다. 하지만 선생님이 하는 말을 전부 다 알아들은 것은 아니었다.

"지금 너희들의 모습은 어지러운 현관과 같다. 한마디로 문안 인사를 드릴 준비가 되어 있지 않았어. 옛날 사람들은 부모님께 문안 인사를 드릴 때 세수를 깨끗이 하고 머리를 빗은 다음 옷차림을 단정히 했단다."

"하지만 우리는 옛날 사람이 아니잖아요."

민구가 말했다.

"물론 그렇지. 하지만 시대가 바뀌었다고 해서 사람이 지켜야 할 도리가 바뀐 것은 아니란다. 너는 학교 갈 때 어떤 옷을 입

고 가니?"

"아무 옷이나 입어요."

"그럼 잠옷도 입고 가니?"

"아니요, 그걸 어떻게 입어요?"

"왜 못 입지?"

"그건 당연히 잘 때 입는 옷

이잖아요."

"그래, 맞다. 잠옷은 잘 때 입는 옷이지. 그런 옷을 입고 훈장님께 인사를 드릴 수는 없잖니? 그건 예의가 아니니까."

은우와 민구는 고개를 끄덕였다.

"우리는 때와 장소에 따라 옷을 갖춰 입어야 한단다. 웨딩드레스를 입고 장례식에 갈 수는 없지. 친구들과 흙장난을 하며 놀 때는 아무 옷이나 입어도 되지만 그런 옷을 입고 잔칫집에 가거나, 선생님을 뵈러 가지는 않지. 왜 그럴까?"

"예의에 어긋나기 때문인가요?"

은우가 물었다.

"그렇단다. 그건 예의에 어긋나는 행동이란다."

"그럼 늘 깨끗한 옷을 입고 있어야 하나요?"

"그럴 수 있으면 더 좋지. 그건 다른 사람에 대한 예의이기도 하지만 네 자신에 대한 예의이기도 하단다. 세수를 깨끗이 하고 나면 네 얼굴이 더 멋있어 보이지 않니?"

"그런 것 같아요."

은우가 말했다.

"자신을 위해서도 스스로를 그렇게 가꾸는 것이 좋은 거야. 기상 시간을 어긴 벌은 이것으로 끝났다. 그만 가 보아라."

선생님이 말했다.

두 사람은 얼른 방으로 올라갔다. 세수를 하고 싶은 마음이 들었다.

은우와 민구는 얼른 세수를 하고 옷을 갈아입었다. 아침을 먹을 시간이 다가오고 있었다.

"밥 먹으러 가자."

민구가 자리를 털고 일어났다.

"우리 진짜 밥 먹어도 돼요? 어제 선생님이 아침 먹지 말라고 했는데……."

승호가 말했다.

아이들은 어젯밤에 선생님이 했던 말을 떠올렸다.

"우이 씨이~ 진짜 굶어야 하는 거야?"

민구가 인상을 쓰며 말했다.

"벌이라고 했으니까 지켜야 하는 거 아니야?"

"이게 다 저 형 때문이야."

민구가 승찬이를 흘겨보며 말했다.

"이 자식은 툭하면 나 때문이래. 이게 왜 나 때문이야?"

승찬이가 버럭 소리를 질렀다.

"형이 도둑처럼 남의 초콜릿 다 훔쳐 먹었으니까 그렇지."

"뭐라고? 도둑이라고? 너 말 다했냐?"

승찬이가 벌떡 일어나며 소리쳤다.

"아, 제발 그만 좀 해."

은우가 꽥 소리를 질렀다.

"넌 지금 누구 편을 드는 거냐?"

화가 난 민구가 은우를 보며 묻자, 승찬이가 이죽거리며 기분 나쁘게 말했다.

"축구하냐? 편 가르게?"

"상관하지 마!"

"너 자꾸 그럴래?"

두 사람은 또다시 엉겨 붙어 싸우기 시작했다.

"아, 왜 이래? 하지 마!"

은우가 소리를 지르며 말려 봤지만 소용이 없었다. 두 사람은 치열하게 몸싸움을 하기 시작했다. 마치 멧돼지 두 마리가 싸우는 것 같았다. 좁은 방 안에서 뒹굴던 두 사람은 급기야 문을 걷어차고 복도로 나갔다. 아침밥을 먹으러 가려던 아이들이 우루루 몰려와 구경을 했다.

"이놈들, 이게 무슨 짓이냐?"

선생님이 올라와 호통을 쳤다.

"이 자식이 먼저 시비를 걸잖아요!"

분해 죽겠다는 얼굴로 승찬이가 꽥꽥 소리를 질렀다.

"네가 먼저 건드렸잖아!"

"거짓말하지 마!"

"내가 언제 거짓말했냐?"

두 사람은 다시 선생님 앞에서 싸우기 시작했다.

"너네 둘 다 내일 저녁까지 굶고 싶어?"

선생님이 큰소리로 물었다. 그러자 둘 다 입을 꾹 다물었다.

"진짜 아침 굶어야 돼요?"

잠시 뒤 민구가 물었다.

"잘못을 했으면 벌을 받아야지. 사람은 누구나 자기 행동에 책임을 져야 하는 법이야."

선생님이 말했다.

"아~ 배고파 죽겠단 말이에요."

승찬이가 불쑥 화를 내며 선생님께 대들었다.

"오늘부터 너희 둘은 한 가지 벌을 더 받아야 한다."

"예에?"

민구가 눈을 동그랗게 떴다.

"어떤 벌인데요?"

은우가 조심스레 물었다.

"서로 존댓말을 하도록 해라. 앞으로 여기 있는 동안 서로 절대 말을 놓아서는 안 된다."

"하지만 이 녀석은 저보다 나이가 어리단 말이에요."

승찬이가 말했다.

"어린 사람에게는 막말을 해도 된다고 누가 그러더냐? 말은 그 사람의 인품을 나타내는 법이다. 막말을 하다 보면 자기도 모르게 성질이 거칠어지지. 그러면 자연히 행동도 거칠어진단다. 상대방을 존중하는 태도를 가지면 절대 막말을 할 수 없어."

선생님은 그렇게 말하고 난 뒤 둘러선 아이들을 보며 당부를 했다.

"이제부터 너희들이 증인이다. 승찬이와 민구가 존댓말을 쓰지 않거든 나에게 일러다오. 그건 고자질이 아니란다. 나쁜 습관을 고치기 위해 꼭 필요한 일이니까 친구를 돕는다 생각하고 반드시 이야기를 해 주기 바란다. 알겠니?"

"예."

둘러선 아이들이 대답을 했다.

"너는 이제부터 승찬이를 반드시 형님이라고 불러라. 너는 민구를 아우님이라 부르고. 어디 한번 해 봐라."

선생님이 승찬이를 보며 말했다.

"창피하게 그걸 어떻게 해요?"

승찬이가 얼굴을 찌푸리며 고개를 돌렸다.

"그럼 일주일 동안 저녁 굶을래?"

선생님이 물었다.

"아, 아니에요. 제가 먼저 할게요."

두 팔을 내저으며 앞으로 나선 민구가 승찬이를 노려보며 "형님." 하고 말했다.

"킥킥킥킥~."

여기저기서 아이들이 웃음을 터뜨렸다.

"잘했다."

선생님이 민구를 보며 칭찬을 해 주었다.

다음은 승찬이 차례였다. 하지만 승찬이는 민구와 달리 입을 꽉 다물고 있었다.

"어색한 모양이로구나. 당연히 그렇겠지. 하지만 어렵게 생각할 필요 없단다."

선생님은 그렇게 말하고 난 뒤 승호에게 내려가서 오 선생님을 모셔 오라고 말했다. 은우는 선생님이 더 큰 벌을 내릴까 봐 조마조마해졌다.

이윽고 오 선생님이 올라오자 선생님은 미소를 머금고 이렇게 말했다.

"어서 오세요. 바쁠 텐데 불러서 미안합니다. 존댓말을 어떻게 하면 되는지 아이들에게 보여주려고 잠시 오라고 했습니다. 아침 준비는 다 되어갑니까?"

"예, 거의 다 됐습니다."

"5번 방 아이들을 위해서는 무엇이 준비되어 있습니까?"

"간식이 준비되어 있습니다. 어제 저녁도 제대로 못 먹었는데 아침까지 굶으면 너무 배가 고플 것 같아서요."

"열 시 이전에는 주지 마십시오. 어쨌든 규칙을 어긴 벌은 받아야 하니까요."

"알겠습니다. 오늘 아침에 이 아이들이 또 무슨 잘못을 저질렀나요?"

"싸움을 했어요. 그래서 앞으로 여기 있는 동안 서로 존댓말을 쓰라고 했습니다."

"잘하셨네요. 그럼 저는 이만 내려가 보겠습니다."

"그러세요."

선생님이 살짝 고개를 숙여 오 선생님을 배웅하고 난 뒤, 승찬이에게 이런 식으로 하면 되는 거라고 설명해 주었다.

서로를 존중하는 힘_예의

예절 생활 배우기

예절 학교 생활에 조금씩 적응을 해 나가고 있었다.
야외에서 하는 놀이와 예절 수업은 생각보다 훨씬 더 재미있었다.

승찬이와 민구는 언제 터질지 모를 폭탄 같았다. 은우는 긴장감 속에 하루를 보냈다. 다음날 아침에도 두 사람은 한바탕 말다툼을 벌였다. 그 때문에 다른 방 아이들이 계곡에서 물놀이를 하는 동안 은우네 방 아이들은 배추벌레를 잡아야 하는 벌을 받게 되었다.

"형 때문에 내가 못살겠어."

이번에는 착한 승호까지 울상을 지으며 불평을 했다.

은우도 짜증이 났다. 하필이면 저런 형과 한 팀이 되어서 왜 이런 고생을 하나 싶었다.

오후가 되자, 다른 아이들은 모두 계곡으로 물놀이를 하러 갔다. 은우네 방 아이들은 식당 뒤쪽에 있는 밭으로 갔다. 오 선생님이 나무젓가락과 깡통 하나씩을 주고 난 뒤 벌레 잡는 법을 설명해 주었다.

방법은 간단했다. 나무젓가락으로 배추에 붙어 있는 벌레를 잡아 깡통에 넣으면 되는 것이었다. 아이들은 쉬워 보인다며 너도나도 밭으로 들어가기 바빴다. 배추 잎사귀가 다리에 부딪혀서 껄끄러운 느낌이 들었다.

"도대체 어디에 벌레가 있다는 거야?"

너풀거리는 배추 잎사귀를 젓가락으로 쿡쿡 쑤시며 승찬이가 투덜거렸다. 머리 위에서 햇볕이 쨍쨍 내리쬐고 있어서 정수리가 따가웠다. 땀도 줄줄 흘러내렸다.

"이게 다 형 때문이잖아!"

민구가 또 볼멘소리를 했다.

"이 자식은 뭐든지 다 나 때문이래. 이게

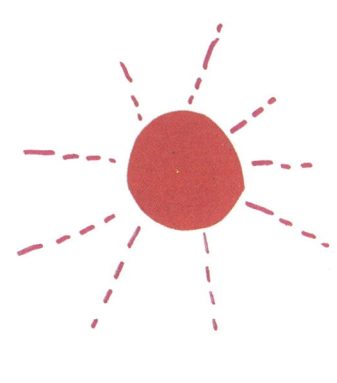

왜 나 때문이야, 너 때문이지!"

승찬이가 못마땅한 눈초리로 민구를 흘겨보며 목청을 높였다.

"그만 좀 해. 두 사람 때문에 우리까지 고생하잖아! 왜 존댓말을 안 쓰는 거야?"

은우가 참지 못하고 발을 쾅 굴렀다.

"맞아, 나도 물놀이 가고 싶은데……."

승호도 징징거리며 불평을 했다.

새빨간 얼굴로 땀을 뻘뻘 흘리고 있는 승호를 보더니 승찬이가 슬그머니 목소리를 낮추며 중얼거렸다.

"존댓말 쓰면 될 거 아니야? 그게 왜 나 때문이…… 오? 아우님 때문이지."

민구가 킥, 하고 웃음을 터트렸다.

"왜 웃어?"

승찬이가 물었다.

"큭큭큭큭! 사극 찍는 것 같잖아. 진짜 웃긴다."

그 말에 은우도 그만 피식, 웃고 말았다.

"어? 벌레다!"

밭고랑에 쪼그리고 앉아 배추를 들여다보고 있던 승호가 큰소리로 외쳤다.

"어디?"

아이들이 동시에 소리치며 승호의 곁으로 달려갔다. 배추 잎사귀 사이에 초록색 벌레가 동그랗게 몸을 말고 있었다.

"와, 진짜 벌레다."

민구가 젓가락으로 벌레를 집었다.

자세히 들여다보니 잎사귀에 작은 구멍들이 송송송 뚫려 있었다. 하얀 줄기에는 까뭇까뭇한 벌레 똥도 붙어 있었다.

"또 있나 찾아 보자."

아이들은 배추 잎사귀를 헤집으며 벌레를 찾기 시작했다. 배추 사이에 초록색 벌레들이 고물거리며 기어다니고 있었다.

"여기도 있다!"

"여기도 있어!"

아이들은 환호성을 지르며 벌레를 잡았다. 햇볕에 그을려 얼굴이 빨갛게 익어갔다. 땀도 줄줄 흘러내렸다. 하지만 아이들은 더운 줄도 모르고 넓은 배추 밭을 뛰어다니며 벌레를 잡느라 정신없었다. 한참 뒤 미숫가루를 가지고 나오던 오 선생님이 이 모습을 보고 깜짝 놀라며 아이들을 불렀다.

"벌레 되게 많이 잡았어요, 선생님!"

아이들은 신이 나서 소리쳤다.

"알았으니까 당장 이리 나오너라."

선생님이 바쁘게 손짓을 했다.

"왜 저러시지? 우리가 뭐 잘못했나?"

아이들이 수군거리며 밖으로 나왔다.

"잎사귀를 저렇게 다 뜯어놓으면 어떡하니, 이 녀석들아!"

오 선생님이 곤란한 표정을 지으며 배추 밭을 바라보았다.

"우리는 벌레를 잡으라고 해서 잡은 것뿐인데요?"

승찬이가 말했다.

"맞아요, 이렇게 많이 잡았어요."

민구가 깡통을 내밀었다. 깡통 속에는 초록색 벌레들이 오글거리고 있었다.

"아이고, 못살아!"

양손으로 머리를 감싸 쥐고 있던 오 선생님이 눈을 몇 번 끔벅거리고 난 뒤 아이들에게 미숫가루를 주며 말했다.

"이거 마시고 방으로 들어가거라."

"고맙습니다."

승호가 얼른 미숫가루를 받아들었다.

은우도 덩달아 인사했다.

승호는 나이가 어려도 매우 의젓하고 예의 바른 것 같았다. 그런 생각을 하자, 은우는 조금 부끄러워졌다.

소란스러움 속에 하루하루가 지나가고 있었다. 승찬이의 태도는 날이 갈수록 부드러워졌다. 민구와 다투는 일도 거의 없었다. 하지만 그렇다고 두 사람 사이가 많이 가까워진 것은 아니었다. 은우도 데면데면하게 굴었다.

아이들은 예절 학교 생활에 조금씩 적응을 해 나가고 있었다. 복잡하게 느껴졌던 규칙들도 막상 겪어 보니 별로 어렵지 않았다. 야외에서 하는 모든 놀이와 예절 수업은 생각보다 훨씬 더 재미있었다. 하지만 한문 시간이 되면 아이들은 지루함을 참지 못하고 꾸벅꾸벅 졸았다.

훈장님은 조선시대 선비처럼 차려입고 나와서 아이들에게 《사자소학》을 가르쳐주겠다고 했다.

"저게 뭐지?"

민구가 물었다.

"소하고 사자하고 싸운 이야기 아니야?"

은우가 장난치며 킥킥 웃었다.

"누가 이길 것 같아?"

민구가 물었다.

"그야 당연히 사자지."

두 사람이 잡담을 하고 있는 동안 훈장님은 손수 가지고 온 족자를 칠판에 걸었다. 반듯반듯하게 쓰여진 한자들이 좌르륵 나타났다.

"이게 모두 몇 글자냐?"

훈장님이 맨 위에 적힌 글자에 동그라미를 그리며 물었다.

"네 글자요."

아이들이 대답을 했다.

"그렇지. 한 구절이 네 글자로 되어 있지? 그래서 이 책을 《사

자소학》이라고 하는 게야. 혹시 《사자소학》이 어떤 책인지 아는 사람 있느냐?"

훈장님이 물었다.

"소하고 사자하고 싸운 이야기 책 아니에요?"

은우의 장난기 어린 대답에 여기저기서 아이들이 웃음을 터트렸다.

"허허! 나는 장난으로 물어본 게 아니거늘, 너는 공부가 장난이더냐?"

훈장님이 탁자를 탁, 치며 호통을 치셨다.

"거봐, 내가 그랬잖아. 할아버지 할머니들은 모두 호랑이 같다니까."

민구가 조그만 소리로 속삭였다.

은우는 입을 꾹 다물었다.

"이 책은 옛날 아이들이 천자문을 배우기 전에 익혔던 책으로, 인간이 지켜야 할 도리를 담고 있다. 여러분이 몸과 마음을 올바르게 갈고 닦아 훌륭한 사람으로 성장할 수 있게 하는 내용을 담고 있는 아주 훌륭한 책이지. 여러 권으로 되어 있는데 여기 있는 것은 〈효행〉 편이야. 이 글귀들을 모두 배우고 나면 부모님께 왜 효도를 해야 하는지, 어떤 자세로 부모님을 대해야 하는지 알게 될 것이다. 읽을 줄 아는 사람 있나?"

훈장님이 물었다.

은우와 민구는 속으로 족자에 적혀 있는 한자들을 읽어 보았다. 아는 글자보다 모르는 글자가 훨씬 더 많았다. 그때 승호가 손을 들었다.

"오, 그래. 어디 한번 읽어 보겠느냐?"

훈장님이 반색을 하며 말했다.

"부생아신 하시고, 모국오신 이로다. 복이회아 하시고 유이포아 하시며……."

승호가 청산유수같이 한자들을 읽어 나갔다.

"오, 대단한데?"

민구가 감탄하며 승호를 쳐다보았다.

은우도 휘둥그레진 눈으로 승호를 바라보았다. 승호가 다 읽고 나자, 훈장님이 아주 잘했다며 칭찬을 해 주었다.

"그래, 이게 무슨 뜻인지 아느냐?"

맨 윗부분에 적힌 글귀를 가리키며 훈장님이 물었다.

"아버지가 내 몸을 낳으시고, 어머니가 내 몸을 기르셨네, 하는 뜻입니다."

승호가 대답했다.

"야, 뭐 잘못된 거 아니야?"

은우가 민구를 보며 조그만 목소리로 물었다.

"뭐가 잘못됐는데?"

민구가 물었다.

"아버지가 어떻게 아기를 낳아? 엄마가 낳지."

"맞다. 쟤는 성교육도 안 받았나 봐."

은우는 킥, 하고 웃음을 터트렸다. 성교육 시간에 봤던 장면들이 떠올랐다. 올챙이처럼 생긴 정자들이 꼬물꼬물 헤엄치며 난자를 향해 나아가는 모습이 떠오르자, 자기도 모르게 키득키득 웃음이 나왔다.

"왜 웃냐?"

민구가 물었다.

은우는 공책에 임신을 한 훈장님의 모습을 그렸다. 민구가 그 모습을 보고 킥킥킥킥, 웃음을 터트렸다.

"네 이놈들, 공부 시간에 무슨 잡담을 하는 것이냐?"

훈장님이 호통을 치자, 은우는 얼른 공책을 치웠다.

"내일까지 여기 적힌 글귀를 모두 외워 오너라."

훈장님이 말했다.

"으~~."

은우와 민구는 자기도 모르게 앓는 소리를 냈다.

🏠 알쏭달쏭 예절 지키기 3

식사 예절

민구와 승찬이는 찜닭 쟁탈전을 벌이다가 결국 둘 다 밥을 굶는 벌을 받게 됐어요. 그렇게 좋아하는 찜닭도 못 먹고, 선생님께 혼나고, 친구들의 놀림을 받게 되었으니 참 안됐지요. 민구와 승찬이가 꼭 알아야 할 식사 예절에는 무엇이 있을까요?

식탁에서 지켜야 할 예절

❶ 식사 전에는 손을 깨끗이 씻어요. 나쁜 세균이 입 속에 같이 들어갈 수 있기 때문이지요.
❷ 밥이나 국물이 있는 음식을 먹을 때 그릇째 들고 먹지 마세요.
❸ 젓가락과 숟가락을 동시에 한 손에 쥐고 음식을 먹는 건 보기 좋지 않아요.
❹ 음식을 흘리지 않도록 주의하세요. 음식물도 버려야 하고 옷도 더러워지니까요.

어른과 함께 식사할 때 지켜야 할 예절

❶ 어른이 먼저 수저를 든 다음에 먹도록 해요.
❷ 말을 할 때에는 음식물을 다 삼킨 뒤 말하세요. 입 안의 음식물이 나올 수 있거든요.
❸ 음식을 먹을 때 쩝쩝 소리를 내지 말아요. 같이 먹는 사람이 불쾌할 수 있어요.
❹ 음식물 중에 버릴 것이 발견되면 조용히 휴지에 뱉었다가 나중에 버리는 게 좋아요.
❺ 식사가 끝나더라도 어른보다 먼저 일어나지 마세요.

서로를 존중하는 힘_예의

이제 좀 알 것 같아

승찬이도 어느새 은우 옆으로 다가와 팔을 잡아 주었다.
은우는 고마운 마음에 코끝이 시큰해졌다.

어느 날 저녁, 밥을 먹고 난 뒤 은우가 민구와 함께 운동장 두 바퀴를 돌고 들어와 보니 승찬이와 승호가 퍼즐을 하고 있었다.

"어? 그거 내 건데?"

은우가 말했다.

"맞아."

승찬이가 고개를 끄덕이며 계속 퍼즐을 했다.

막내 이모가 사준 그 퍼즐은 은우가 몹시 아끼는 것이었다. 컴퓨터도 사용하지 못하고 텔레비전도 보지 못하는 이곳 생활이 심심할까 봐 가지고 온 것인데 아주 잘한 것 같았다. 은우는 가끔 민구와 함께 퍼즐을 하며 심심함을 달래곤 했다.

"왜 남의 물건을 함부로 가져가요?"

은우가 항의를 하자, 승찬이가 좀 가지고 놀면 안 되냐는 식으로 대수롭지 않게 받아쳤다.

대답할 말이 궁색해진 은우는 우물쭈물 망설이고 있었다.

"침대 위에 있어서 가지고 온 거야. 한 판만 하고 줄게."

승찬이가 말했다.

당장 달라고 말하고 싶었지만, 은우는 승찬이와 승호가 그림을 다 맞출 때까지 기다리고 있었다. 속마음을 숨기고 있으려니 매우 불편했다. 그래도 은우는 꾹 참았다. 퍼즐 하나 가지고 쩨쩨하게 군다는 소리를 듣고 싶지 않았던 것이다. 이윽고 승찬이와 승호가 그림을 다 맞추자, 은우는 얼른 퍼즐을 가져갔다. 그리고 가방 안에 퍼즐을 꽁꽁 숨겨 두었다.

그 다음날 저녁이었다. 일기를 쓰려고 봤더니 샤프펜슬이 보이지 않았나.

'이상하다. 분명히 여기에 뒀는데?'

은우는 필통을 열어 보았다. 하지만 그 안에도 샤프펜슬은 없었다.

'가방 안에 있나?'

은우는 가방 안을 샅샅이 뒤져 보았다. 침대 밑과 사물함도 살펴보았다. 하지만 어디에도 샤프펜슬은 보이지 않았다.

"형이 내 샤프펜슬 가지고 갔어요?"

은우가 승찬이를 보며 물었다.

"아니."

승찬이가 고개를 저었다.

"정말 안 가지고 갔어요?"

은우가 다시 묻자, 승찬이가 벌떡 일어나며 나를 왜 도둑 취급하냐고 되물었다.

"지난번에 민구 초콜릿 훔쳐 먹었잖아요."

은우가 말했다.

"뭐라고?"

"그리고 내 퍼즐도 마음대로 가지고 놀았잖아요."

"그건 침대에 놓여 있었어."

"샤프펜슬도 내가 침대에 올려놓았단 말이에요."

"난 못 봤어."

"필통 속에 넣어 두었는데 그럼 내 샤프펜슬이 어디로 갔냔 말이에요?"

"그걸 내가 어떻게 알아?"

승찬이가 버럭 소리를 질렀다.

그때 샤워를 마친 민구가 방으로 들어왔다.

"민구 형, 혹시 은우 형 샤프펜슬 못 봤어요?"

승호가 물었다.

"응? 그거 아까 내가 썼는데?"

민구가 말했다.

"뭐라고?"

은우의 표정이 일그러졌다.

"거봐, 내가 안 가져갔다니까. 잘 알지도 못하면서 괜히 사람 의심하고 있어."

승찬이가 기분 나쁘다는 듯 은우를 흘겨보았다.

"야, 너는 왜 남의 물건을 마음대로 가지고 가냐?"

은우가 민구를 보며 괜히 화를 냈다.

"친구 사이인데 그것도 못 빌려 가냐?"

민구는 영문도 모른 채 큰소리를 쳤다.

"빌려 갈 거면 말을 하고 빌려 가야지, 말도 안 하고 가지고 가면 어떡해?"

"쩨쩨하게 그런 거 가지고 뭘 그러냐? 돌려주면 될 거 아냐."

민구는 도리어 화를 내며 샤프펜슬을 가져다주었다.

적반하장도 유분수라더니, 은우는 속이 상해 발을 동동 굴렀다.

그날 이후, 은우는 민구와 말을 하지 않고 지냈다. 승찬이와도 거의 눈을 마주치지 않았다. 그러던 어느 날, 선생님이 물놀이를 가자고 했다.

"이야호!"

아이들은 환호성을 질렀다.

선생님은 아이들을 데리고 계곡으로 갔다.

시원한 물이 콸콸콸 소리를 내며 흘러가고 있었다.

"오늘은 물놀이 시합을 한번 해 볼까?"

선생님이 말했다.

"좋아요! 그런데 어떻게 하는 건데요?"

아이들이 물었다.

"두 팀씩 마주 보고 서서 물 치기를 하는 거야.

네 명이 전부 돌아서면 지는 거지. 어때?"

"좋아요. 그런데 이긴 팀에게는 뭘 주실 건데요?"

"글쎄……. 이긴 팀은 수박을 줄까?"

"에이~ 수박은 어제도 먹었어요."

아이들이 실망한 얼굴로 고개를 돌렸다.

"그럼 아이스크림은 어떠냐?"

"좋아요, 제일 큰 통으로 사 주셔야 돼요."

아이들이 신나서 손뼉을 치며 말했다.

"그러자꾸나."

선생님이 흔쾌히 대답했다.

준비 운동을 마친 아이들은 모두 물속으로 들어갔다.

"1, 2, 3, 4, 5번 방은 이쪽에 서고, 6, 7, 8, 9, 10번 방은 저쪽에 서 있어라."

아이들은 선생님의 지시에 따라 마주 보고 섰다.

"시~~~ 작!"

선생님이 호루라기를 불자, 아이들이 필사적으로 물을 치기 시작했다. 은우네 방 아이들은 10번 방 아이들과 맞붙어 싸웠다. 물이 얼굴에 폭포처럼 쏟아져 눈을 뜰 수가 없었다. 그때 승찬이가 말했다.

"내 뒤를 따라와!"

은우네 방 아이들은 승찬이 뒤를 따라갔다. 앞장 선 승찬이가 성큼성큼 앞으로 나가며 물을 치자, 10번 방 아이들이 하나 둘 뒷걸음질을 치기 시작했다.

"이야아아~~."

민구가 괴성을 지르며 양손으로 마구 물을 퍼부었다. 두 명이 물세례를 견디지 못하고 뒤돌아섰다.

"아웃!"

은우가 소리쳤다.

승호가 좋아하며 방방 뛰었다. 은우네 방 아이들은 나머지 두 명을 향해 집중 공격을 퍼부었다. 결국 남은 아이들도 견디지 못하고 등을 보이고 말았다.

"이야아~ 이겼다!"

은우는 민구를 와락 껴안았다. 승찬이와 승호도 손을 잡고 풀쩍풀쩍 뛰었다.

1차전에서 이긴 팀들은 2차전에서 다시 맞붙게 되었다.

"짝이 맞지 않아서 한 팀은 부전승으로 올라가야겠네. 가위바

위보로 결정하는 게 좋을 것 같구나. 각 팀 대표 나와!"

그 말에 아이들이 웅성거렸다. 누가 대표를 할지 정하지 않았던 것이다.

"형이 나가요."

민구가 승찬이를 보며 말했다.

승찬이가 머쓱한 표정을 지으며 은우를 보았다. 나가도 좋겠냐고 묻는 것 같았다.

"꼭 이겨요, 형."

은우와 민구는 주먹 쥔 손을 번쩍 들며 용기를 북돋워 주었다. 승찬이가 겸연쩍게 웃으며 V자를 그렸다. 비로소 한 팀이 된 것 같았다.

승리의 기쁨을 맛본 아이들은 2차전과 3차전에서도 힘을 합쳐 열심히 싸웠다. 하지만 결승에서 아쉽게 3번 방 아이들에게 우승을 빼앗기고 말았다.

"한 번 더 해요, 선생님."

아쉬움이 남은 아이들은 선생님을 졸랐다.

"그럼 이번에는 종목을 바꿔 볼까? 너희들 기마전 해 봤니?"

선생님이 아이들을 보며 물었다.

"아니요."

아이들이 고개를 저었다.

"인원수도 맞는데, 기마전 한번 해 볼까?"

"어떻게 하는 건데요?"

"네 명이 한 조가 돼서 하는 게임이야. 세 명은 말이 되고, 한 명은 기수가 되는 거지. 앞에 이렇게 한 사람이 서고, 양 옆에 두 사람이 서서 손을 잡고 말을 만드는 거야. 기수가 올라탈 수 있도록 해 주는 거지. 상대편 기수가 쓰고 있는 모자를 빼앗으면 이기는 거야."

선생님이 기마전하는 방법을 설명해 주었다.

아이들은 누가 기수를 할지 머리를 맞대고 의논했다.

"승호가 가장 몸집이 작으니까 기수를 하는 게 좋겠어."

은우가 말했다.

"좋아, 그럼 내가 마부를 할게."

승잔이가 말했다.

은우와 민구는 승찬이의 뒤쪽에 서서 손을 맞잡고 승호가 올라탈 수 있는 발판을 만들어 주었다. 드디어 모든 준비가 끝났다.

"물속에는 바위가 있어서 불편하니까 이번 게임은 모래밭에서 하도록 하자."

 선생님의 지시에 따라 아이들은 냇가 모래밭에 둥그렇게 원을 그리고 섰다.

 "시작!"

 선생님이 들어 올린 팔을 힘차게 내리며 신호를 하자, 아이들이 함성을 지르며 달리기 시작했다. 균형을 잡지 못해 벌써 넘어지는 팀도 있었다.

승찬이는 싸우고 있는 아이들 주위를 빙빙 돌다가 3번 팀 곁으로 다가갔다. 목말을 타고 있던 승호가 엉덩이를 들고 일어나 3번 팀 기수의 모자를 빼앗았다.

"아싸~~."

민구가 소리쳤다.

3번 팀과 맞붙어 싸우던 7번 팀 기수가 승호의 모자를 벗기려고 했다. 승호가 잽싸게 몸을 피했다. 승찬이가 커다란 덩치로 7번 팀 마부를 밀자, 균형을 잡지 못한 아이들이 그만 넘어지고 말았다.

"오오오, 잘했어!"

은우와 민구는 환호성을 질렀다.

10번 방 아이들과 1번 방 아이들이 협공을 해 왔다.

"도망가요, 형!"

민구가 소리쳤다.

승찬이가 급하게 방향을 획 틀었다. 은우는 뒤따라가려다 그만 다리가 꼬여 모래밭에 주저앉고 말았다.

"어어어?"

민구와 승호도 비명을 지르며 넘어졌다.

은우는 일어나려고 했지만, 왼쪽 발목이 너무 아파서 그럴 수 없었다.

"아아~."

은우는 비명을 지르며 주저앉았다.

"다쳤어? 어디 좀 봐!"

민구가 다가와 발목을 번쩍 들었다.

"아아아, 아프다니까!"

은우는 얼굴을 찌푸리며 비명을 질렀다.

"선생님, 은우 형 다쳤어요."

승호가 달려가 선생님을 모시고 왔다.

"어디 좀 보자. 이런……. 발목을 삔 것 같구나. 얼른 가서 침을 맞는 게 좋겠는데? 내가 오 선생님께 전화를 해 놓을 테니 저기 있는 찻길까지만 조심해서 올라가거라."

"예!"

은우는 대답을 하고 일어났다. 몇 걸음 걷는데도 발목이 너무 아팠다.

"나한테 기대."

민구가 얼른 다가와 부축을 해 주었다. 승찬이도 어느새 은우

옆으로 다가와 팔을 잡아 주었다. 은우는 고마운 마음에 코끝이 시큰해졌다. 얼굴이 붉어져서 고개를 숙였다.

청운학당에서는 아이들을 위해 여러 가지 프로그램을 준비해 두었다. 교실에서 하는 공부도 중요하지만 체험 학습도 중요하다고 생각한 선생님은 자연 속에서 아이들이 마음껏 뛰어놀 수 있도록 해 주었다.

산과 강에는 놀잇감이 그득했다. 아이들은 나뭇잎으로 풀피리를 만들어 불고, 풀각시 만드는 법도 배웠다. 나뭇가지에는 매미들이 벗어 놓고 간 허물이 그대로 붙어 있었고, 개울가 바위 그늘에는 달팽이들이 기어간 흔적이 남아 있었다.

그런 것들을 찾을 때마다 아이들은 보물을 찾은 것처럼 꺅꺅 소리를 지르며 즐거워했다. 청설모와 다람쥐들이 그 소리에 놀라 후다닥 도망을 쳤다.

아이들은 사물놀이도 배웠다. 선생님은 아이들을 데리고 전통문화예술회관으로 갔다. 그곳에는 사물놀이패들이 나와 있었다.

"안녕하세요?"

며칠 사이에 인사가 몸에 붙은 아이들이 꾸벅 고개를 숙였다.

"어서 오세요, 환영합니다."

팥죽색의 한복을 입고 한 손에 부채를 든 아저씨가 활짝 웃으며 아이들을 반겨 주었다.

아이들은 호기심 가득한 눈으로 한쪽 구석에 놓여 있는 악기들을 보았다. 북과 장구, 징과 꽹과리가 놓여 있었다.

"저기 있는 악기들 중에서 각자 마음에 드는 것을 하나씩 골라 보세요."

선생님이 말하자, 아이들이 우루루 달려가 악기를 골랐다.

은우는 징을 들었는데, 생각보다 너무 무거웠다.

'꽹과리를 할까? 아니야, 장구를 하자.'

이렇게 망설이는 사이 다른 아이들이 악기를 모두 가져가 버려 민구는 꽹과리를 골랐다.

"나하고 바꾸자."

은우가 말했다.

"싫어."

민구가 고개를 저었다.

심술이 난 은우는 민구의 꽹과리채를 빼앗아 들고 도망쳤다.

"거기 서!"

민구가 따라왔다.

"나도 싫다, 뭐."

약을 올리며 도망치던 은우가 꽹과리채로 세게 징을 두드리자, 쇠가 갈라지는 소리가 났다.

"거기 안 서?"

민구가 소리치며 따라왔다.

"잡아 보시지."

은우가 도망가며 계속 징을 쳤다.

"그거 이리 다오."

선생님이 성큼성큼 걸어오더니 은우 앞을 막아섰다.

얼떨결에 은우는 손에 들고 있던 꽹과리채를 선생님 앞으로 내밀었다.

"어른에게 무언가를 드릴 때는 반드시 두 손으로 드려야 하는 거란다."

선생님이 굳은 표정으로 주의를 주었다.

그 정도는 은우도 알고 있었다.

"이거 때문에요."

은우는 징을 잡고 있는 왼손을 들며 변명을 했다.

"그럴 때는 들고 있던 물건을 내려놓으면 되지. 그보다 더 큰 잘못은 꽹과리채로 징을 친 거야. 너희들이 들고 있는 그 악기는 모두 이 지역 주민들의 재산이란다. 그걸 함부로 망가뜨리면 안 되겠지?"

선생님의 말에 은우는 눈을 동그랗게 떴다. 꽹과리채로 두드린다고 설마 징이 깨어질까 싶었다.

"징은 낮고 웅장한 소리를 내는 악기야. 꽹과리채로 치면 징 고유의 소리가 나지 않아. 그러니까 앞으로는 악기 가지고 장난 치지 말거라."

선생님이 엄한 목소리로 주의를 주었다.

"네……."

은우는 풀 죽은 목소리로 대답했다. 그 모습을 보고 있던 민구가 메롱, 하고 혀를 내밀었다.

아이들은 사물놀이하는 선생님들께 장단 치는 법을 배웠다. 세마치 장단도 배우고 굿거리 장단도 배웠다. 또 사물놀이 감상도 했다. 신명나는 소리를 듣고 있으니 어깨춤이 저절로 나올 것 같았다.

선생님은 우리 음악을 감상하는 법도 설명해 주었다. 서양 음악은 조용히 앉아서 감상을 해야 하지만, 우리나라 음악은 관객이 직접 참여하는 경우가 많다고 했다.

"오늘처럼 사물놀이를 보거나 판소리 공연을 볼 때는 관객의 호응이 굉장히 중요해요. 여러분들이 신명나게 호응을 해 주면 연주하는 사람들이 더 신이 나거든요. 이렇게 춤을 춰도 됩니다."

선생님이 덩실덩실 어깨춤을 추자, 아이들이 으하하하, 웃음을

터트렸다. 스트레스가 확 날아가는 것 같았다.

며칠 뒤, 아이들은 근처에 있는 절로 갔다. 그곳에 계시는 스님이 아이들에게 다도를 가르쳐주기로 했다. 산 중턱에 절이 있어서 아이들은 땀을 뻘뻘 흘리며 산을 올라갔다. 덥다며 도중에 짜증을 내는 아이들도 있었다.

"저기 가서 세수 좀 하고 오너라."

선생님이 바위 사이로 졸졸졸 흘러내리는 물을 가리켰다.

물장난을 하고 난 뒤, 아이들은 다시 산을 올라갔다. 한참을 올라가니 일주문이 나왔다. 선생님이 그 앞에서 합장을 하며 고개를 숙였다.

뭘 하는 건지 몰라 민구가 물어보자, 선생님은 부처님께 절을 하는 거라고 대답해 주었다.

'부처님이 어디에 있지?'

민구는 주변을 두리번두리번 둘러보았다. 길가에 아름드리 나무들이 빽빽하게 들어차 있을 뿐, 불상 같은 것은 어디에도 보이지 않았다. 조금 더 올라가니 절이 나왔다. 탁 트인 풍경에 아이들은 저절로 우와, 하고 탄성을 질렀다. 어떤 아이들은 "이야호!" 하고 외치기도 했다.

"쉿!"

선생님이 조용히 하라는 신호를 주고 난 뒤, 붉은 꽃나무 아래 꽂혀 있는 팻말을 가리켰다.

팻말을 본 아이들은 머쓱해진 채 입을 다물고 있는데, 스님 한 분이 계단을 내려왔다.

선생님이 합장을 하며 스님께 인사했다.

"어서 오십시오."

스님도 합장하며 마주 허리를 굽혔다.

스님과 선생님이 이야기를 나누는 사이, 몇몇 아이들이 법당 쪽으로 올라갔다. 은우와 민구도 그 뒤를 따라갔다.

"야, 여기 좀 와봐. 무척 큰 부처님 있어!"

한 아이가 말했다.

은우와 민구는 법당 안을 들여다보았다. 금칠을 한 부처님이 단 위에 앉아 아이들을 내려다보고 있었다. 은우와 민구는 신발을 벗고 법당 안으로 들어갔다.

"어때, 나 부처님 같냐?"

한 아이가 책상 다리를 하고 앉아 부처님 흉내를 냈다.

"야, 손가락을 이렇게 붙여야지. 눈도 가늘게 뜨고."

다른 아이가 핀잔을 주며 다시 부처님 흉내를 내자, 아이들이 웃음을 터트렸다.

민구가 제단 아래 놓여 있던 목탁을 들고 왔다.

"두드려 봐."

은우가 말했다.

"톡톡톡톡~."

민구가 목탁을 두드리자, 부처님 흉내를 내던 아이가 얼른 달려와 "나무관세음보살~." 하고 염불을 외웠다.

"이놈들, 여기서 뭐 하는 짓이냐?"

스님이 법당 안으로 들어오며 호통을 치자, 아이들은 겁먹은 눈으로 스님을 바라보았다.

"이곳은 부처님을 모시는 곳이다. 예의를 지켜야지."

스님이 말했다.

"전 성당 다니는데요."

민구가 말하자, 스님은 한숨을 쉬며 되물었다.

"성당에 가서도 이러니?"

스님이 물었다.

"아니요."

민구가 절레절레 고개를 저었다.

"자신이 믿는 종교가 소중하면 다른 사람이 믿는 종교도 소중한 거야. 서로 존중할 줄 알아야지. 절에 오면 절에 맞는 예의가 있는 법이다. 부처님께 인사는 드렸니?"

"아니요."

아이들은 조그만 목소리로 대답했다.

"부처님께는 보통 세 번 절을 한단다. 그걸 3배라고 하지."

스님은 그렇게 말을 하고 난 뒤, 어떻게 절을 하는지 몸소 시범을 보여 주었다.

"우리 엄마는 성당에 들어갈 때 성호를 그어요."

민구가 말했다.

"그래, 각 종교마다 신께 인사를 드리는 방법이 조금씩 다르지. 하지만 신을 공경하는 마음은 똑같단다. 그러니 내가 믿는 종교가 아니라고 해서 다른 사람의 종교를 함부로 무시하거나, 헐뜯어서는 안 되는 거예요. 서로가 서로를 존중해 주는 태도가 중요한 거란다. 그럼 이제 차를 마시러 가 볼까?"

스님이 말했다.

아이들은 양쪽 옆에 있는 문을 통해 밖으로 나왔다.

"저쪽에 있는 다실로 가거라."

스님이 왼쪽 산 밑에 있는 건물을 가리켰다. 아이들이 도착해 보니 선생님이 먼저 와 기다리고 있었다.

다실 바닥에는 돗자리가 깔려 있었다. 아이들은 통나무를 반으로 잘라 만든 것 같은 탁자 주위에 빙 둘러 앉았다. 탁자 위에는 올망졸망한 그릇들이 가지런히 놓여 있었다. 잠시 뒤, 다실로 들어온 스님이 찻물을 우리기 시작했다. 아이들은 호기심 가득한 얼굴로 스님을 바라보았다. 스님은 끓는 물을 사발에 담아 잠시 식힌 뒤 찻주전자에 부었다. 그 안에는 찻잎이 들어 있었다.

찻물이 우러나는 동안 스님은 차 마시는 방법을 가르쳐주었다.

"이렇게 오른손으로 찻잔을 잡고 왼손 끝으로 찻잔을 살짝 받친단다. 그리고 이렇게 향을 음미한 다음, 조금씩 차를 마시는 거지. 한입에 꿀꺽 마시지 말고 입안에 찻물을 머금었다가 조금씩 넘기려무나. 그러면 입안에 향이 그득하게 퍼질 거다."

아이들은 스님의 말을 들으며 차 맛을 상상해 보았다. 아주 근사한 맛일 것 같았다. 설명을 마친 스님이 찻잔에 조금씩 찻물을 따르기 시작했다. 하얀 잔에 고인 찻물은 푸르스름한 빛을 띠고 있었다.

"마셔 보아라."

선생님이 앞에 앉은 아이들에게 찻잔을 건네주었다. 민구는 얼른 은우의 손을 끌고 앞으로 가서 찻잔을 받았다.

"으음~."

은우와 민구는 스님이 일러준 대로 깊이 숨을 들이마시며 차 향을 음미했다. 풀 냄새가 나는 것 같았다. 은우와 민구는 차를 한 모금 마셔 보았지만, 아무 맛도 나지 않았다. 민구가 실망한 표정을 지으며 차를 꿀꺽 삼키고 혀를 쏙 내밀었다. 은우도 얼굴을 씽그리며 찻잔을 내려놓았다. 다른 아이들도 비슷한 반응을 보였다.

스님은 예상했다는 듯 껄껄껄 웃었다.

"별 맛이 없는 모양이로구나."

선생님이 빙긋 웃으며 물었다.

"예."

아이들이 한 목소리로 대답했다.

하지만 아이들은 그날 또 한 가지를 배웠다. 그건 차를 마실 때에도 예의를 지켜야 한다는 사실이었다.

서로를 존중하는 힘_예의

짧고도 긴 시간

달라진 아이들의 모습을 보며 부모님들은 대견함을 느꼈고, 아이들은 지나온 시간을 돌이켜보며 즐거워했다.

시간이 흘러 집으로 돌아갈 날이 다가오고 있었다.

"오늘은 그동안 함께 지내면서 고마웠던 사람에게 편지를 쓰는 시간을 갖도록 하겠어요. 눈을 감고 지난 이 주일 동안 여러분들이 겪은 일들을 가만히 떠올려 보세요. 어때요, 즐거운 일들이 떠오르나요?"

느티나무 아래 마련된 야외 교실에서 선생님이 물었다.

"예." 하고 아이들이 대답했다.

"편지를 쓰고 싶은 사람이 있어요?"

선생님이 물었다.

있다고 대답하는 아이들이 있는가 하면, 없다고 말하는 아이들도 있었다.

"다른 사람에게 편지를 쓰고 싶지 않으면 자기 자신에게 편지를 써도 돼요. 지난 이 주일 동안 여러분은 아주 훌륭하게 이곳 생활을 해냈어요. 그런 자신에게 칭찬을 듬뿍 해 줘도 됩니다."

선생님의 말에 기분이 좋아진 아이들이 미소를 지었다.

은우는 연필을 손에 든 채 누구에게 편지를 쓸지 곰곰이 생각해 보았다. 승찬이의 얼굴이 떠올랐다. 미안하고 고마운 마음이 들었다.

> 형, 안녕. 나 은우야.

은우는 편지를 쓰기 시작했다.

> 처음 형을 만났을 때만 해도 나는 형이 너무 싫었어. 하지만 같이 지내다 보니 형이 점점 좋아지더라. 지난번에 내가 발 다쳤을 때 부축해 줘서 고마웠어. 그리고 샤프 펜슬 잃어버렸을 때 형 의심해서 미안해. 잘 가, 형.

그렇게 쓰고 나니 왠지 눈물이 찔끔 나올 것 같았다.

짧고도 긴 시간 157

은우는 내친 김에 민구에게도 편지를 썼다.

민구야, 지난번에 샤프 펜슬 가져갔다고 너에게 화내서 미안해. 너는 나의 가장 소중한 친구야. 이번에 다시 한 번 그걸 느꼈어. 서울에 가서도 우리 계속 친하게 지내자.

너의 소중한 친구, 은우가.

그렇게 쓰고 나자, 이번에는 히죽 웃음이 나왔다.

은우는 선생님께도 편지를 쓰기로 했다.

그동안 장난을 많이 쳐서 죄송했습니다, 선생님. 그런데 왜 선생님께 꾸중을 들을 때는 기분이 나쁘지 않을까요? 조금 무섭기는 했지만 정말로 기분이 나쁘지는 않았어요. 선생님이 저희를 인격적으로 대해 주셨기 때문일까요? 어른들은 모두 우리가 훌륭하게 자라기를 바라세요. 그래서 잔소리도 많이 하시는 거겠지요. 그런데 잔소리를 많이 듣다 보면 어떨 때는 짜증이 나요. 제가 잘못한 것을 아는데도 막 신경질이 나요.

하지만 선생님은 덮어놓고 잔소리만 하지도 않고, 우리가 어리다고 무시하지도 않으셨어요.

그런 게 예의인 것 같아요.

상대방을 존중하고 배려하는 거요.

저도 이제부터 예의 바른 사람이 되겠어요.

인사도 잘하고, 고운 말도 잘 쓸 거예요.

그리고 다른 사람에게 방해가 되는 행동은 하지 않도록 노력할 거예요.

예의라는 건 어려운 게 아니라고 선생님께서 말씀하셨잖아요.

내가 대접받고 싶은 만큼 상대방을 대접하면 되는 거라고요.

민구가 불친절한 태도로 저를 대하면 저는 기분이 나빠요.

민구도 그렇겠지요?

이제부터 저는 친절한 아이가 되도록 하겠어요.

고맙습니다, 선생님.

선생님을 좋아하는 고은우 올림

그렇게 쓰고 난 뒤 은우는 예절 학교에서 겪은 일들을 하나하나 떠올려 보았다. 재미있는 일들이 아주 많았다. 그중에서도 규칙을 어겨 벌을 받은 일들이 가장 기억에 남았다. 그때는 정말 싫었는데 지나고 보니 즐거운 추억이 되었다.

아이들은 모르고 있었지만 사실 벌칙도 교육의 일부였다. 선생님은 벌칙을 통해 아이들의 생활 습관을 바꾸려고 한 것이다.

이 주일 동안 존댓말을 쓰다 보니 민구와 승찬이는 더 이상 욕을 하지 않게 되었다. 아이들도 민구와 승찬이를 따라 존댓말을 쓰기 시작했다.

"어디 가시오?"

"화장실에 갑니다."

"똥 싸러 가시오?"

"아닙니다. 오줌 싸러 갑니다."

아이들은 이런 말들을 주고받으며 장난을 치는 사이, 존댓말을 하면 욕을 하지 않게 된다는 사실도 알게 되었다.

드디어 부모님이 아이들을 데리러 오는 날이 되었다. 아이들은 설레는 마음으로 부모님을 기다렸다. 오후가 되자 부모님들이 차를 몰고 속속 주차장으로 들어왔다. 퇴소식은 강당에서 거행되었다.

"낳아 주시고 길러 주셔서 감사합니다."

부모님들이 모두 모이자, 아이들은 한복을 곱게 차려입고 나와 절을 올렸다. 부모님들은 감개무량한 얼굴로 아이들을 바라보았다. 며칠 못 본 사이에 아이들이 부쩍 의젓해진 것 같았다.

선생님은 아이들이 그동안 어떻게 지냈는지 간략하게 보고를 하고 난 뒤, 동영상을 보여 주었다. 그 안에는 이 주일 동안의 생활이 고스란히 담겨 있었다.

달라진 아이들의 모습을 보며 부모님들은 대견함을 느꼈고, 아이들은 지나온 시간을 돌이켜보며 즐거워했다.

동영상이 끝나고 난 뒤 선생님이 부모님들을 보며 말했다.

"아이들이 여기에서 배운 것을 잊지 않고 생활 속에서 계속 실천해 나갈 수 있도록 도와주시기 바랍니다. 여러분이 가장 큰 스승입니다."

부모님들이 고개를 끄덕였다.

"아이는 어른의 거울입니다. 어른들이 하는 말과 행동을 보고 그대로 따라합니다. 예의가 없다고 아이들을 나무라기 전에 어른들이 먼저 반성을 해야 합니다. 아이들에게 모범을 보여 주세요. 그러면 아이들은 저절로 변합니다. 저는 이 아이들이 자라서 우리 사회에 빛과 소금이 되기를 희망합니다. 반드시 그렇게 될 것입니다. 이곳에서 생활하는 동안 아이들은 제게 그 가능성을 보여 주었습니다. 집으로 돌아가서도 아이들이 훌륭하게 성장할 수 있도록 여기 계신 부모님들이 우리 아이들을 잘 이끌어 주시기 바랍니다."

그 말을 들으며 부모님들은 책임감을 느꼈다. 의젓해진 아이들을 보니 더욱 그런 생각이 들었다.

청운학당을 떠나기 전에 은우는 써 놓았던 편지를 승찬이에게 주었다.

"뭐야?"

승찬이가 물었다.

"편지예요. 즐거웠어요, 형."

은우는 쑥스럽게 웃으며 인사를 했다.

승찬이가 어색한 웃음을 지으며 편지를 받았다.

"내 건 없어요?"

승호가 물었다.

무안해진 은우가 얼굴을 붉히며 손을 흔들었다.

청운학당에서 돌아온 다음 날 오후, 은우는 아빠와 함께 배드민턴을 치러 나갔다. 주민회관 앞을 막 지나는데 맞은편에서 7층 할아버지가 걸어오고 있었다.

"안녕하세요?"

은우는 얼른 인사했다.

아빠도 덩달아 인사했다.

"몇 층에 사는 아이냐?"

할아버지가 물었다.

"11층에 살아요."

"인사성이 매우 밝구나. 가정교육을 잘 시킨 모양이오."

할아버지가 아빠와 은우를 번갈아보며 칭찬을 해 주었다.

"아, 예~."

아빠가 검연쩍게 웃으며 고개를 꾸벅 숙였다.

"헤~."

은우도 입을 벌리고 웃었다.

"누구시냐?"

할아버지가 저만큼 가고 난 뒤, 아빠가 물었다.

"7층 할아버지예요."

"그렇게 고약한 분 같아 보이지 않는데?"

그러고 보니 오늘은 7층 할아버지가 잔소리를 하지 않으셨다. 왜 그런가 생각해 봤더니 인사를 했기 때문인 것 같았다.

'그럴 줄 알았으면 전에도 인사할걸……'

은우는 속으로 후회했다.

"네 덕분에 나까지 칭찬을 받은 것 같다. 고마워, 아들."

아빠가 은우의 어깨를 툭툭 두드려 주었다.

기분이 좋아진 은우는 다시 한 번 입을 헤 벌리고 웃었다. 그 순간 아빠는 '아이들은 어른들이 하는 말과 행동을 보고 그대로 따라한다' 는 청운 선생님의 말이 떠올랐다.

'은우를 위해서라도 이제부터 동네 사람들을 만나면 깍듯이 인사를 해야겠군.'

은우 아빠는 속으로 이렇게 다짐했다.

그 즈음, 민구는 부모님과 함께 할머니 댁에 갔다.

"어서 오너라."

할머니가 반갑게 민구를 맞아 주었다.

"절 받으세요, 할머니."

"응?"

할머니가 깜짝 놀란 얼굴로 민구를 보았다.

"웃어른을 찾아뵐 때는 절을 하는 게 예의래요."

민구가 말했다.

"누가 그러더냐?"

할머니가 웃으며 물었다.

"청운 선생님이 그러셨어요. 세배를 할 때처럼 절을 드리는 거라고요."

"그래, 그럼 우리 손자 절을 어디 한번 받아 볼까?"

할머니가 자리에 앉으며 말했다.

민구는 넙죽 엎드려 절을 했다.

"청운 선생님이 또 뭘 가르치더냐?"

할머니가 물었다.

"문안 인사 드리는 것도 배웠고요, 대님 묶는 것도 배웠어요. 꽹과리 치는 것도 배우고, 다도도 배웠어요."

"허허, 아주 재미있었겠구나."

"예, 재미있었어요. 배추벌레도 잡았어요."

민구는 신이 나서 청운학당에서 있었던 일들을 할머니께 모두 빠짐없이 들려드렸다. 할머니는 허허 웃으며 민구의 이야기에 귀를 기울였다.

그 사이 엄마가 과일을 내왔다.

"할머니, 먼저 드세요."

민구가 포크로 멜론 한 조각을 집어 할머니께 드렸다.

"며칠 사이에 우리 민구가 아주 의젓해졌구나."

할머니가 함박웃음을 터트리며 좋아하셨다. 엄마 아빠도 덩달아 벙긋 미소를 지었다.

저녁을 먹을 때도 민구는 할머니께 칭찬을 들었다. 노릇노릇 구워진 조기 구이가 맛있어 보였지만, 할머니가 먼저 숟가락을 드실 때까지 꾹 참고 기다렸던 것이다. 그랬더니 할머니가 조기 살을 발라 민구에게 주셨다.

'예절 학교에 가기를 참 잘한 것 같아.'

민구는 속으로 이렇게 생각했다.

🏠 알쏭달쏭 예절 지키기 4

친구 간의 예절 & 장소 예절

은우는 샤프펜슬 때문에 승찬이와 민구랑 싸웠어요. 이때 만약 은우가 친구 간의 예절을 지켰다면 싸우지 않았겠지요? 그리고 사물놀이나 다도를 배울 때에도 장소에 맞는 예절을 지키지 못해 선생님께 혼났어요. 이제부터 은우와 민구가 사이좋게 지내고, 어른들께 혼나지 않는 방법을 알려줄게요.

 친구와 이야기할 때 지켜야 할 예절

① 비어나 속어를 사용하지 마세요. 말이 거칠면 친구와 싸울 수 있어요.
② 친구가 이야기할 때에는 진지하게 들어 주세요. 훌륭한 대화법에는 '123화법'이란 게 있어요. 1분 안에 내가 할 말을 하고, 2분 이상 들어주며, 3번 이상 맞장구를 치는 걸 말해요.
③ 실수를 했을 때에는 '미안하다'는 말을 꼭 하세요. 기본적이고 간단한 인사말이지만, 이 말을 하지 않는다면 친구의 감정을 상하게 할 수 있거든요.
④ 친구가 도와줬을 때에는 '고맙다'는 표현을 꼭 하도록 하세요. 친구와 더욱 친해질 수 있는 좋은 기회가 될 거예요.

 공공장소에서 지켜야 하는 예절

① 다른 사람과 함께 있는 공간에서는 항상 다른 사람을 먼저 생각하세요.
② 함께 사용하는 물건은 소중하게 다루세요.
③ 옆 사람에게 피해가 갈 정도로 크게 떠들지 마세요.
④ 대중교통이나 엘리베이터, 화장실 등을 이용할 때에는 반드시 줄을 서세요.

작가의 글

예의란, 상대방을 존중하고 배려하는 마음이에요.

'동방예의지국'이란 말 들어 보았나요?
옛날에 중국 사람들이 우리나라를 일컬어 이렇게 불렀대요.
무슨 뜻이냐고요?
'예절 바른 사람들이 사는 동쪽 나라'라는 뜻이에요.

얼마 전, 일본의 유명 매니지먼트 회사 사장이 TV에 나와 이렇게 말했어요. 한국에서 온 연예인들은 매우 예의 바르고 매너가 좋다고요.
어린이 여러분도 '한류 스타'에 대해 알고 있지요? 우리나라의 많은 연예인들이 세계 각국에서 사랑을 듬뿍 받고 있는데, 그들을 보고 한류 스타라고 하지요. 그 사람들이 세계의 많은 사람들로부터 관심과 사랑을 받게 된 이유에는 여러 가지가 있겠지만, 그중 하나가 예의 바른 태도였나 봐요.
예의 바른 태도는 상대방을 존중하고 배려하는 마음에서 나와요. 밝은 미소와 공손한 태도로 인사하고, 상대방을 깍듯이 대한다

　면 사람들에게 좋은 인상을 줄 수 있어요. 이런 태도는 인간관계에서 매우 중요해요. 사람은 절대 혼자 살 수 없기 때문이지요. 여러 사람들과 어울려 서로 돕고 살아가야 하는데, 거만하고 무례하고 불친절하다면 아무도 친해지고 싶어하지 않을 거예요.

　이 책에 나오는 은우와 민구는 할아버지나 할머니를 비롯해, 주변 사람들한테 야단을 많이 맞았어요. 무례하고 불친절하고 제멋대로 행동했기 때문이지요.

　혹시 은우와 민구처럼 예의 없어서 어른들께 야단 맞은 적이 있나요? 만약 그렇다면 이제부터라도 예절 바른 사람이 되었으면 좋겠어요. 그럼 친구들이나 부모님, 선생님 등 주변 사람들과 훨씬 관계가 부드러워지고 기분 좋은 일도 많이 생길 거예요. 어린이 여러분들이 만들어갈 세상은 지금보다 훨씬 더 아름답고 서로 예의를 지키는 반듯한 곳이 되었으면 좋겠어요.

이지현

어린이 자기계발동화 23

어린이를 위한 예의

초판 1쇄 발행 2011년 1월 29일 초판 9쇄 발행 2020년 7월 30일

글 이지현 그림 이상미

펴낸이 연준혁
편집 1본부 본부장 배민수
편집 5부서 부서장 김문주
편집 이주연
디자인 마루·한

펴낸곳 ㈜위즈덤하우스 **출판등록** 2000년 5월 23일 제13-1071호
제조국 대한민국 **주소** 경기도 고양시 일산동구 정발산로 43-20 센트럴프라자 6층
전화 031)936-4000 **팩스** 031)903-3893 **홈페이지** www.wisdomhouse.co.kr

ⓒ이지현, 2011
ISBN 978-89-6086-427-6 74800
ISBN 978-89-6086-081-0 (세트)

* 이 책의 전부 또는 일부 내용을 재사용하려면 반드시 사전에 저작권자와
  ㈜위즈덤하우스의 동의를 받아야 합니다.
* 인쇄·제작 및 유통상의 파본 도서는 구입하신 서점에서 바꿔드립니다.
* 책값은 뒤표지에 있습니다.
* 이 책의 사용 연령은 8~13세입니다.

이 도서의 국립중앙도서관 출판예정도서목록(CIP)은 서지정보유통지원시스템
홈페이지(http://seoji.nl.go.kr)와 국가자료종합목록시스템(http://www.nl.go.kr/
kolisnet)에서 이용하실 수 있습니다. (CIP제어번호: 2011000275)